Schöningh
westermann

GRUNDLAGEN DEUTSCH

Grammatik

Herausgegeben von
Johannes Diekhans

Erarbeitet von
Johannes Diekhans

Unter Mitarbeit von
Othmar Höfling

Georg-Westermann-Allee 66, 38104 Braunschweig
service@westermann.de, www.westermann.de

Druck A[13] / Jahr 2026
Alle Drucke der Serie A sind im Unterricht parallel verwendbar.

Umschlaggestaltung: Nora Krull, Hamburg
Druck und Bindung: Westermann Druck GmbH, Georg-Westermann-Allee 66, 38104 Braunschweig

ISBN 978-3-14-**025143**-3

Inhaltsverzeichnis

Einführung

Momo

Michael Ende

In alten, alten Zeiten, als die Menschen noch in ganz anderen Sprachen redeten, gab es in den warmen Ländern schon große und prächtige Städte. Da erhoben sich die Paläste der Könige und Kaiser, da gab es breite Straßen, enge Gassen und winkelige Gässchen, da standen herrliche Tempel mit goldenen und marmornen Götterstatuen, da gab es bunte Märkte, wo die Leute sich versammelten, um Neuigkeiten zu besprechen und Reden zu halten oder anzuhören. Und vor allem gab es dort große Theater.

Dieser Text besteht aus Sätzen, Satzgliedern, Wörtern, Sprechsilben, Wortbausteinen, Buchstaben und Lauten.

E 01 Satz

Der Satz besteht aus Satzgliedern, die sich zu einem Sinnganzen zusammenfügen.

E 02 Satzglied

Die Teile eines Satzes, die sich umstellen lassen, bezeichnet man als Satzglieder. Satzglieder können aus einem oder aus mehreren Wörtern bestehen.

(Da) (gab) (es) (bunte Märkte). *(Bunte Märkte) (gab) (es) (da).*

E 03 Wort

Ein gesprochenes Wort besteht aus Silben, die sich aus Lauten zusammensetzen. Gebildet wird ein Wort aus Wortbausteinen (s. E 06), die nicht immer mit den Sprechsilben übereinstimmen.

E 04 Silbe

Silben sind Lauteinheiten, die sich aus dem natürlichen Sprechfluss ergeben.

Zei-ten, präch-tig, be-spre-chen

E 05 Laut

Die kleinsten Bestandteile der gesprochenen Wörter nennt man Laute (s. auch E 09 und E 10). Laute kann man unterscheiden nach ihrer Stellung im Wort.

Anlaut: *Zeiten*
Inlaut: *dort*
Auslaut: *ganz*

E 06 Wortbausteine

Gebildet werden Wörter aus Wortbausteinen. Wichtigster Wortbaustein ist der **Wortstamm**. Durch Hinzufügen weiterer Bausteine können Wörter gebildet werden. Häufig werden Bausteine vorangestellt (**Präfixe**) oder an den Wortstamm angehängt (**Suffixe**).

Beispiel für **Präfixe**: *ge-, ver-, be-, ent-, zer-, er-*
Beispiel für **Suffixe**: *-ung, -heit, -keit, -nis, -bar, -ig, -lich, -er, -en, -eln*

Wortbildung durch Wortbausteine: *be-sprech-en, prächt-ig, Neu-ig-keit*

E 07 Buchstabe

Den kleinsten Bestandteil eines geschriebenen Textes nennt man Buchstabe.

E 08 Das Alphabet

Das deutsche Alphabet besteht aus **26 Buchstaben**. Es kommen drei Zeichen für die Umlaute hinzu.

A a (ah)	H h (hah)	O o (oh)	V v (fau)
B b (beh)	I i (ih)	P p (peh)	W w (weh)
C c (zeh)	J j (jott)	Q q (kuh)	X x (icks)
D d (deh)	K k (kah)	R r (err)	Y y (üppsilon)
E e (eh)	L l (ell)	S s ß (es, eszett)	Z z (zett)
F f (eff)	M m (emm)	T t (teh)	
G g (geh)	N n (enn)	U u (uh)	
Umlaute: Ä ä (äh) – Ö ö (öh) – Ü ü (üh)			

E 09 Vokale und Konsonanten (Selbstlaute und Mitlaute)

Einige dieser Buchstaben stehen für **Vokale**. Sie können im Gegensatz zu den **Konsonanten** ohne Zuhilfenahme eines anderen Lautes gesprochen werden:

a, e, i, o, u.

Zu den Vokalzeichen gehören auch die Umlaute *ä, ö* und *ü.*

E 10 Diphthonge (Doppel- oder Zwielaute)

Hierzu zählen die Vokalverbindungen:

au, äu, eu, ei, ai.

E 11 Betonung

In einfachen oder abgeleiteten Wörtern der deutschen Sprache wird meistens die erste Silbe betont. Wörter, die mit den unter E 06 genannten Präfixen gebildet werden, besitzen die Betonung auf der zweiten Silbe.

Beispiel: *Märk-te, Kö́-ni-ge, gól-de-nen*

Beispiel: *be-spré-chen*

Wortlehre

W 01 Wortarten im Überblick

Man unterscheidet Wortarten, die im Satzzusammenhang ihre Form **verändern**, und solche, die sich **nicht verändern**. Man spricht auch von **flektierbaren** und **nicht flektierbaren** Wortarten.

Wortarten, die flektierbar sind

Wortart	Beispiel
Verb (Zeitwort, Tätigkeitswort)	*gehen, ich gehe*
Nomen/Substantiv (Namenwort, Hauptwort)	*Kind, Kinder*
Artikel (Geschlechtswort, Begleiter)	
bestimmter Artikel	*der, die, das*
unbestimmter Artikel	*ein, eine, ein*
Adjektiv (Eigenschaftswort)	*klein, (ein) kleines (Kind)*
Pronomen (Fürwort)	
Personalpronomen (persönliches Fürwort)	*ich, mir, du*
Possessivpronomen (besitzanzeigendes Fürwort)	*mein, dein*
Demonstrativpronomen (hinweisendes Fürwort)	*dieser, jener*
Relativpronomen (bezügliches Fürwort)	*der, welcher*
Reflexivpronomen (rückbezügliches Fürwort)	*sich, mich*
Interrogativpronomen (fragendes Fürwort)	*wer? wessen?*
Indefinitpronomen (unbestimmtes Fürwort)[1]	*jemand, niemand*
Numerale (Zahlwort)	*zwei, hundert, der dritte Tag*

Verb, Nomen/Substantiv und Adjektiv werden auch **Hauptwortarten** genannt, weil sie im Satzzusammenhang die Hauptinformationen geben.

[1] Die Indefinitpronomen „man“ und „etwas“ sind nicht flektierbar, ebenso einige Zahlwörter.

W 02 Wortarten, die nicht flektierbar sind

Wortart	Beispiel
Adverb (Umstandswort)	*heute, oben*
Präposition (Verhältniswort)	*vor, an, in*
Konjunktion (Bindewort)	
nebenordnende Konjunktion	*und, oder*
unterordnende Konjunktion	*weil, als, dass*
Interjektion (Ausrufewort)	*oh! au!*

Alle nicht flektierbaren Wortarten mit Ausnahme der Interjektion werden auch unter dem Begriff **Partikeln** (Einzahl: die Partikel) zusammengefasst.

W 03 Das Verb (Zeitwort) und seine Formen

Verben bezeichnen:

Tätigkeiten: *Die Menschen **versammelten** sich auf den Märkten.*

Vorgänge: *Die antike Vase **zerbrach**.*

Zustände: *Dort **standen** herrliche Tempel mit marmornen Statuen.*

Man unterscheidet:

Vollverben: Sie können allein das Satzglied Prädikat bilden.

Beispiel: *Paul **besichtigt** den antiken Marktplatz.*

Hilfsverben: **sein, haben, werden**
Sie erscheinen im Satzzusammenhang in der Regel mit einem Vollverb und werden für die Bildung unterschiedlicher Verbformen verwendet.

Beispiel: *Wir **werden** den antiken Marktplatz besichtigen.*

Modalverben: **können, dürfen, mögen, sollen, müssen, wollen**
Mit Modalverben kann ein Sprecher seine Aussage verstärken oder abschwächen. Er kann ausdrücken, ob er etwas tun kann, darf, möchte, soll, muss oder will.

W 04 Infinite Verbformen

Infinit bedeutet wörtlich „unbestimmt“ oder „nicht eingegrenzt“. **Finit** besitzt somit die Bedeutung „näher bestimmt“ oder „eingegrenzt“.

Zu den **infiniten Verbformen** gehören:

- Der **Infinitiv** (Grundform)

  Beispiel: *sehen, schwimmen*

- Das **Partizip I** (Mittelwort der Gegenwart)

  Beispiel: *sehend, schwimmend*

- Das **Partizip II** (Mittelwort der Vergangenheit)

  Beispiel: *gesehen, geschwommen*

Die Partizipien I und II können auch als Adjektive gebraucht werden (Beispiel: *das schwimmende Boot*). Die Infinitivform und das Partizip II werden für die Bildung verschiedener Zeitformen (Tempusformen) benötigt.

W 05 Finite Verbformen

Eine **finite Verbform** gibt Auskunft auf folgende Fragen:

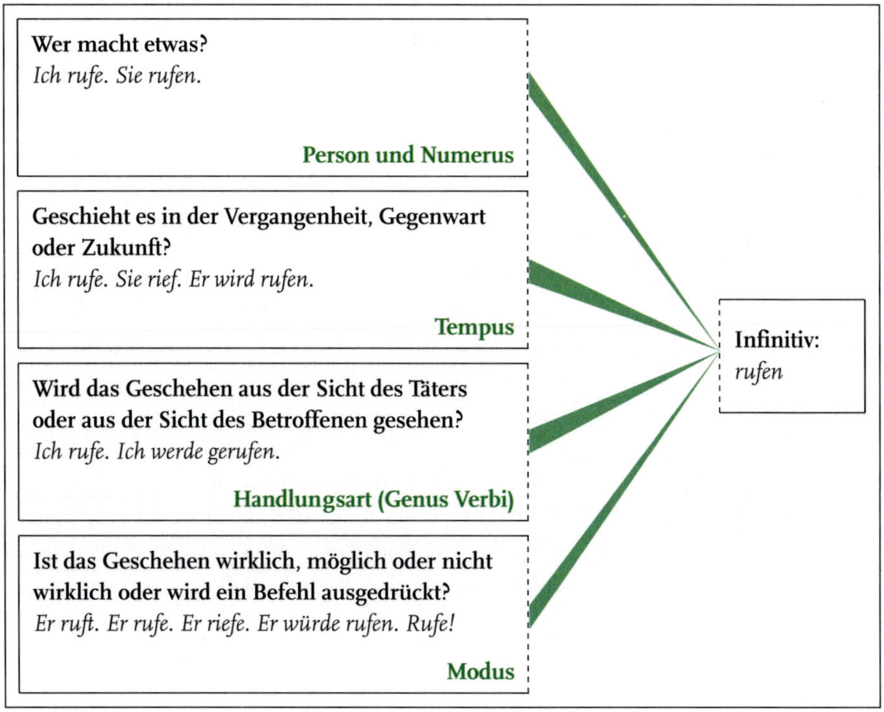

W 06 Person und Numerus oder die Personalform des Verbs

Diese Form des Verbs drückt aus, ob der Sprechende (**ich, wir**), der Angesprochene (**du, ihr**) oder die Person bzw. Sache, über die gesprochen wird (**er, sie, es; sie**), in den Mittelpunkt rückt. Außerdem wird deutlich, ob es um eine Person (**Einzahl** = **Singular**) oder mehrere Personen (**Mehrzahl** = **Plural**) geht.

1. Person Singular: ***ich*** *rufe*
2. Person Singular: ***du*** *rufst*
3. Person Singular: ***er/sie/es*** *ruft*

1. Person Plural: ***wir*** *rufen*
2. Person Plural: ***ihr*** ruft
3. Person Plural: ***sie*** rufen

W 07 Das Tempus (Zeitform) des Verbs

Die finite Verbform zeigt an, ob das Geschehen für den Sprecher in der **Gegenwart**, **Vergangenheit** oder **Zukunft** abläuft.
Die Pluralform zu dem Wort Tempus lautet **Tempora**.

W 08 Die unterschiedlichen Tempora im Überblick

Präsens	ich rufe	Gegenwart
Präteritum	ich rief	Vergangenheit
Perfekt	ich habe gerufen	
Plusquamperfekt	ich hatte gerufen	
Futur I	ich werde rufen	Zukunft
Futur II	ich werde gerufen haben	

W 09 Das Präsens (Gegenwart)

Das Präsens bezeichnet häufig etwas, was in der Gegenwart, in diesem Augenblick geschieht.

Beispiel: *Ich **springe** über den Fluss.*

Es bezeichnet auch etwas, was zu jeder Zeit gilt.

Beispiel: *Wasser **gefriert** bei 0 °C.*

Es kann zusammen mit anderen Satzgliedern etwas bezeichnen, was in der Zukunft liegt.

Beispiel: *In der nächsten Woche **besuche** ich meine Freundin.*

Es kann zusammen mit anderen Satzgliedern auch etwas bezeichnen, was in der Vergangenheit liegt.

Beispiel: *Gestern **gehe** ich ahnungslos über die Straße, da ...*

W 10 Das Präteritum (Vergangenheit)

Das **Präteritum** drückt aus, dass etwas vergangen ist. Es ist die übliche Tempusform für Erzählungen.

Beispiel: *In der letzten Minute **verschoss** Paul den Elfmeter.*
*Momo **wohnte** in einem Amphitheater.*

Verben, die bei der Bildung des Präteritums ihren Wortstamm stark verändern (*ver**schieß**en – ver**schoss***), nennt man **starke Verben**. Verben, die ihren Wortstamm nicht verändern (***wohn**en – **wohn**te*), nennt man **schwache Verben**.

W 11 Das Perfekt (Vollendete Gegenwart)

Das **Perfekt** drückt aus, dass etwas vergangen ist, jedoch noch in die Gegenwart hineinreicht und auf den Sprecher oder Schreiber wirkt.

Beispiel: *Ich **habe** mir den Arm **gebrochen**.*
*Ich **bin** gestern eine Stunde durch den Wald **gelaufen**.*

Das **Perfekt** wird gebildet aus:

Personalform von haben oder sein im Präsens	+	Partizip II
ich habe		*gerufen*
ich bin		*gelaufen*

In der gesprochenen Sprache ersetzt das Perfekt häufig die Präteritumform.

Beispiel: *Im letzten Jahr **fuhren** wir nach Griechenland.*
(Präteritum in der geschriebenen Sprache)

Beispiel: *Im letzten Jahr **sind** wir nach Griechenland **gefahren**.*
(Perfekt in der gesprochenen Sprache)

W 12 Das Plusquamperfekt (Vollendete Vergangenheit)

Das **Plusquamperfekt** drückt aus, dass ein vergangenes Geschehen vor einem ebenfalls bereits vergangenen Geschehen liegt. Daher erscheint es häufig im Zusammenhang mit dem Perfekt oder Präteritum.

Beispiel: *Marie ging am Nachmittag ins Freibad. Vorher **hatte** sie noch den Rasen **gemäht**.*

Das **Plusquamperfekt** wird gebildet aus:

Personalform von haben oder sein im Präteritum	+	Partizip II
ich hatte		*gerufen*
ich war		*gelaufen*

W 13 Das Futur I (Zukunft)

Das **Futur I** drückt aus, dass ein Geschehen in der Zukunft abläuft.

Beispiel: *Paul **wird** mich morgen **besuchen**.*

Das **Futur I** wird gebildet aus:

Personalform vonwerden im Präsens	+	Infintiv
ich werde		*rufen*

Mit dem **Futur I** kann ein Sprecher auch eine Vermutung ausdrücken.

Beispiel: *Meine Schwester **wird** wohl gerade ihre Freundin **besuchen**.*

W 14 Das Futur II (Vollendete Zukunft)

Das **Futur II** drückt aus, dass ein Geschehen in der Zukunft abläuft und dort als abgeschlossen angesehen wird.

Beispiel: *Morgen um diese Zeit **werde** ich den Wettkampf bereits **beendet haben**.*

Das **Futur II** wird gebildet aus:

Personalform von haben oder sein im Futur I	+	Partizip II
(ich werde haben)		*gerufen*
(ich werde sein)		*gelaufen*
	ich werde gerufen haben	
	ich werde gelaufen sein	

Mit dem **Futur II** kann ein Sprecher auch eine Vermutung ausdrücken, die sich auf ein bereits vergangenes Geschehen bezieht.

Beispiel: *Er **wird** seine Hausaufgaben wohl schon **gemacht haben**.*

W 15 Die Konjugation

Bildet man zu einem Verb die unterschiedlichen Personalformen in einem bestimmten Tempus, so nennt man diesen Vorgang **konjugieren** (Nomen/Substantiv: **Konjugation**).
Die Begriffe **konjugierte Verbform**, **Personalform** und **finite Verbform** werden in vielen Grammatiken gleichgesetzt.

W 16 Die Konjugation des Verbs „fragen" im Aktiv

Präsens (Gegenwart)	**Perfekt (Vollendete Gegenwart)**
ich frage	ich habe gefragt
du fragst	du hast gefragt
er, sie, es fragt	er, sie, es hat gefragt
wir fragen	wir haben gefragt
ihr fragt	ihr habt gefragt
sie fragen	sie haben gefragt
Präteritum (Vergangenheit)	**Plusquamperfekt (Vollendete Vergangenheit)**
ich fragte	ich hatte gefragt
du fragtest	du hattest gefragt
er, sie, es fragte	er, sie, es hatte gefragt
wir fragten	wir hatten gefragt
ihr fragtet	ihr hattet gefragt
sie fragten	sie hatten gefragt
Futur I (Zukunft)	**Futur II (Vollendete Zukunft)**
ich werde fragen	ich werde gefragt haben
du wirst fragen	du wirst gefragt haben
er, sie, es wird fragen	er, sie, es wird gefragt haben
wir werden fragen	wir werden gefragt haben
ihr werdet fragen	ihr werdet gefragt haben
sie werden fragen	sie werden gefragt haben

W 17 Die Konjugation des Hilfsverbs „sein"

Präsens (Gegenwart)	**Perfekt (Vollendete Gegenwart)**
ich bin	ich bin gewesen
du bist	du bist gewesen
er, sie, es ist	er, sie, es ist gewesen
wir sind	wir sind gewesen
ihr seid	ihr seid gewesen
sie sind	sie sind gewesen
Präteritum (Vergangenheit)	**Plusquamperfekt (Vollendete Vergangenheit)**
ich war	ich war gewesen
du warst	du warst gewesen
er, sie, es war	er, sie, es war gewesen
wir waren	wir waren gewesen
ihr wart	ihr wart gewesen
sie waren	sie waren gewesen
Futur I (Zukunft)	**Futur II (Vollendete Zukunft)**
ich werde sein	ich werde gewesen sein
du wirst sein	du wirst gewesen sein
er, sie, es wird sein	er, sie, es wird gewesen sein
wir werden sein	wir werden gewesen sein
ihr werdet sein	ihr werdet gewesen sein
sie werden sein	sie werden gewesen sein

W 18 Die Konjugation des Hilfsverbs „haben“

Präsens (Gegenwart)	**Perfekt (Vollendete Gegenwart)**
ich habe	ich habe gehabt
du hast	du hast gehabt
er, sie, es hat	er, sie, es hat gehabt
wir haben	wir haben gehabt
ihr habt	ihr habt gehabt
sie haben	sie haben gehabt
Präteritum (Vergangenheit)	**Plusquamperfekt (Vollendete Vergangenheit)**
ich hatte	ich hatte gehabt
du hattest	du hattest gehabt
er, sie, es hatte	er, sie, es hatte gehabt
wir hatten	wir hatten gehabt
ihr hattet	ihr hattet gehabt
sie hatten	sie hatten gehabt
Futur I (Zukunft)	**Futur II (Vollendete Zukunft)**
ich werde haben	ich werde gehabt haben
du wirst haben	du wirst gehabt haben
er, sie, es wird haben	er, sie, es wird gehabt haben
wir werden haben	wir werden gehabt haben
ihr werdet haben	ihr werdet gehabt haben
sie werden haben	sie werden gehabt haben

W 19 Die Konjugation des Hilfsverbs „werden“

Präsens (Gegenwart)	**Perfekt (Vollendete Gegenwart)**
ich werde	ich bin geworden
du wirst	du bist geworden
er, sie, es wird	er, sie, es ist geworden
wir werden	wir sind geworden
ihr werdet	ihr seid geworden
sie werden	sie sind geworden
Präteritum (Vergangenheit)	**Plusquamperfekt (Vollendete Vergangenheit)**
ich wurde	ich war geworden
du wurdest	du warst geworden
er, sie, es wurde	er, sie, es war geworden
wir wurden	wir waren geworden
ihr wurdet	ihr wart geworden
sie wurden	sie waren geworden
Futur I (Zukunft)	**Futur II (Vollendete Zukunft)**
ich werde werden	ich werde geworden sein
du wirst werden	du wirst geworden sein
er, sie, es wird werden	er, sie, es wird geworden sein
wir werden werden	wir werden geworden sein
ihr werdet werden	ihr werdet geworden sein
sie werden werden	sie werden geworden sein

W 20 Die Handlungsart (Genus Verbi)

Die finite Verbform drückt auch aus, ob das Geschehen **aus der Sicht des Täters/des Handelnden** oder **aus der Sicht des Betroffenen** gesehen wird.
Daher unterscheidet man zwei Handlungsarten (Genera Verbi): das **Aktiv** und das **Passiv**.

W 21 Das Aktiv (Tätigkeitsform)

Das Aktiv ist die am häufigsten verwendete Handlungsart. Die Handlung wird dabei vom Täter aus gesehen.

Beispiel: ***Ein Mädchen rettet*** *den Jungen.*
Ich schreibe *einen Brief.*

W 22 Das Passiv (Leideform)

Die Handlung wird vom Betroffenen aus gesehen. Dabei gibt es zwei Möglichkeiten:

1. **Das Vorgangspassiv**
   Beim Vorgangspassiv steht das Geschehen im Vordergrund. Der Täter kann, muss aber nicht genannt werden. Wird er nicht genannt, spricht man auch vom **täterlosen Passiv**.

   Das Vorgangspassiv wird gebildet aus einer **Personalform von „werden"** (s. W 19) und dem **Partizip II** des Verbs.

   Beispiel: *Der Junge* ***wird (von einem Mädchen) gerettet.***
   Der Brief ***wird (von mir) geschrieben.***

2. **Das Zustandspassiv**
   Das Zustandspassiv bezeichnet den erreichten Zustand oder das Ergebnis einer Handlung. Dabei wird der Täter bzw. Auslöser dieser Handlung nicht genannt. Es wird gebildet aus einer **Personalform von „sein"** (s. W 17) und dem **Partizip II** des Verbs.

   Beispiel: *Der Junge* ***ist gerettet.***
   Der Brief ***ist geschrieben.***

   Gebräuchlich ist das Zustandspassiv nur in drei Zeitformen:

   a) Präsens: Die Straße ***ist gesperrt.***
   b) Präteritum: Die Straße ***war gesperrt.***
   c) Futur: Die Straße ***wird*** morgen bereits um 7.00 Uhr ***gesperrt sein.***

Die Bezeichnungen **„Tätigkeitsform"** und **„Leideform"** für **Aktiv** und **Passiv** sind gebräuchlich, aber nicht immer zutreffend.

Beispiel: *Er wohnt in Köln.* (Keine Tätigkeit)
Die Schülerin wird gelobt. (Kein Leiden)

W 23 Die Konjugation des Verbs „fragen“ im Passiv

Präsens (Gegenwart)
ich werde gefragt
du wirst gefragt
er, sie, es wird gefragt
wir werden gefragt
ihr werdet gefragt
sie werden gefragt

Perfekt (Vollendete Gegenwart)
ich bin gefragt worden
du bist gefragt worden
er, sie, es ist gefragt worden
wir sind gefragt worden
ihr seid gefragt worden
sie sind gefragt worden

Präteritum (Vergangenheit)
ich wurde gefragt
du wurdest gefragt
er, sie, es wurde gefragt
wir wurden gefragt
ihr wurdet gefragt
sie wurden gefragt

Plusquamperfekt (Vollendete Vergangenheit)
ich war gefragt worden
du warst gefragt worden
er, sie, es war gefragt worden
wir waren gefragt worden
ihr wart gefragt worden
sie waren gefragt worden

Futur I (Zukunft)
ich werde gefragt werden
du wirst gefragt werden
er, sie, es wird gefragt werden
wir werden gefragt werden
ihr werdet gefragt werden
sie werden gefragt werden

Futur II (Vollendete Zukunft)
ich werde gefragt worden sein
du wirst gefragt worden sein
er, sie, es wird gefragt worden sein
wir werden gefragt worden sein
ihr werdet gefragt worden sein
sie werden gefragt worden sein

W 24 Aktiv und Passiv im Vergleich

Tempus	**Aktiv** **1. Pers. Sing. u. Plural**	**Passiv (Vorgangspassiv)** **1. Pers. Sing. u. Plural**
Präsens	ich trage wir tragen	ich werde getragen wir werden getragen
Präteritum	ich trug wir trugen	ich wurde getragen wir wurden getragen
Perfekt	ich habe getragen wir haben getragen	ich bin getragen worden wir sind getragen worden
Plusquamperfekt	ich hatte getragen wir hatten getragen	ich war getragen worden wir waren getragen worden
Futur I	ich werde tragen wir werden tragen	ich werde getragen werden wir werden getragen werden
Futur II	ich werde getragen haben wir werden getragen haben	ich werde getragen worden sein wir werden getragen worden sein

W 25 Der Modus (Aussageweise)

Die Verbform drückt auch aus, wie das Geschehen vom Sprecher eingeschätzt wird. Wird es als **wirklich**, **möglich**, **erwünscht**, **nur erdacht oder nicht wirklich** angesehen? Oder wird ein Befehl ausgedrückt?
Man unterscheidet folgende Aussageweisen (Modi):

Indikativ – **Wirklichkeitsform**
Konjunktiv I – **Möglichkeitsform**
Konjunktiv II – **Nicht-Wirklichkeit**
Imperativ – **Befehlsform**

W 26 Der Indikativ (Wirklichkeitsform)

Diese Form drückt aus, dass das Gesagte oder Geschriebene als **tatsächlich/wirklich** angesehen wird. Der Indikativ ist der am häufigsten gebrauchte Modus (im Hauptsatz und im Gliedsatz).

Beispiel: *Dieses Bild* ***hat*** *ein holländischer Künstler* ***gemalt****.*
Wenn du ***kommst****,* ***gehen*** *wir* ***spazieren****.*

W 27 Der Konjunktiv I (Möglichkeitsform) – Die indirekte Rede

Der Konjunktiv I stellt ein Geschehen als **möglich** dar. Der Sprecher oder Schreiber verbürgt sich jedoch nicht dafür. Er geht etwas auf Distanz.

Der **Konjunktiv I** wird zumeist in der **indirekten Rede** verwendet. Dabei gibt ein Sprecher oder Schreiber das wieder, was er von einem anderen erfahren hat.

Der Konjunktiv I wird aus den Indikativformen des Präsens, Perfekts und Futurs gebildet.

Beispiel:	*Er sagte mir, dass er bald* ***komme****.*	(Indikativ Präsens: *er kommt*)
	Er sagte mir, er ***sei angekommen****.*	(Indikativ Perfekt: *er ist angekommen*)
	Er sagte mir, er ***habe*** *schon* ***gegessen****.*	(Indikativ Perfekt: *er hat gegessen*)
	Er sagte mir, er ***werde*** *bald* ***zurückkommen****.*	(Indikativ Futur: *er wird zurückkommen*)

Auch im **indirekten Fragesatz** (Interroagativsatz, s. S 27) steht der Konjunktiv I, wenn ein Redebegleitsatz, der auf die Sprecherin oder den Sprecher hinweist, vorausgeht.

Beispiel: *Marie fragte, ob sie mitkommen* ***könne****.*
Paul fragte, wie lange es noch ***dauere****.*

Ausnahme! Wird die indirekte Rede mit der **Konjunktion dass** eingeleitet, darf auch der Indikativ verwendet werden.

Beispiel: *Esra sagte, dass sie nicht* ***komme.*** (Indirekte Rede mit Konjunktiv I)
Oder:
Esra sagte, dass sie nicht ***kommt.*** (Indirekte Rede mit Indikativ)

W 28 Das Zeitgefüge in der indirekten Rede

Welche Form des Konjunktivs I (Präsens, Perfekt, Futur I) in der indirekten Rede verwendet wird, hängt davon ab, **in welchem zeitlichen Verhältnis indirekte Rede und Hauptsatz** stehen.
Liegt das in der indirekten Rede wiedergegebene Geschehen zeitlich vor dem, was im Hauptsatz ausgedrückt wird, geschieht es gleichzeitig oder ist es noch gar nicht geschehen? Man spricht dabei auch von **Vorzeitigkeit, Gleichzeitigkeit oder Nachzeitigkeit.**

- **Vorzeitigkeit**
  Beispiel: *Paul sagte mir, er* ***habe*** *ein Buch* ***gelesen.***
- **Gleichzeitigkeit**
  Beispiel: *Paul sagte mir, er* ***lese*** *gerade ein Buch.*
- **Nachzeitigkeit**
  Beispiel: *Paul sagte mir, er* ***werde*** *in den Ferien ein Buch* ***lesen.***

W 29 Der Konjunktiv II (Irrealis, Nicht-Wirklichkeit)

1. Der Konjunktiv II wird verwendet, wenn ein Sprecher oder Schreiber ausdrücken möchte, dass ein Geschehen **nicht wirklich (irreal)**, sondern nur **gewünscht, vorgestellt oder gedacht** ist.

   Der Konjunktiv II wird aus den Indikativformen des Präteritums und des Plusquamperfekts gebildet.

   Beispiel: *Wenn sie Zeit* ***hätten, kämen*** *sie zu Besuch.*
   Wäre *er über das Eis* ***gelaufen, hätte*** *er sich in Gefahr* ***begeben.***

   Der Konjunktiv II wird heute immer öfter mit „würde" umschrieben.

   Beispiel: *Wenn sie Zeit hätten,* ***würden*** *sie zu Besuch* ***kommen.***

2. Den Konjunktiv II verwendet man außerdem **in höflichen Frage- und Aussagesätzen.**

   Beispiel: *Ich* ***hätte*** *gern diesen Ring aus dem Schaufenster.*
   Würden *Sie ihn mir bitte* ***holen?***

3. Weiter verwendet man den Konjunktiv II in der **indirekten Rede**, wenn die Form des Konjunktivs I genauso lautet wie der Indikativ. Die Formen des Konjunktivs II bilden dann **Ersatzformen** für den Konjunktiv I.

Beispiel: *Der Trainer meint, ich* ***liefe*** *die erste Runde zu schnell.*
(statt: ich laufe zu schnell)
Die Zeitung berichtet, in Wohngebieten ***führen*** *viele Autos zu schnell.*
(statt: fahren viele Autos zu schnell)

W 30 Indikativ und Konjunktiv im Überblick

Bei der folgenden Übersicht sind die Formen des Konjunktivs I, die in der indirekten Rede durch die entsprechenden Formen des Konjunktivs II ersetzt werden, eingeklammert.

	Indikativ	Konjunktiv	
Präsens	ich komme du kommst er, sie, es kommt wir kommen ihr kommt sie kommen	(ich komme) du kommest er, sie es komme (wir kommen) ihr kommet (sie kommen)	Konjunktiv I
Perfekt	ich bin gekommen du bist gekommen er, sie, es ist gekommen wir sind gekommen ihr seid gekommen sie sind gekommen	ich sei gekommen du seiest gekommen er, sie, es sei gekommen wir seien gekommen ihr seiet gekommen sie seien gekommen	
Futur I	ich werde kommen du wirst kommen er, sie, es wird kommen wir werden kommen ihr werdet kommen sie werden kommen	(ich werde kommen) du werdest kommen er, sie, es werde kommen (wir werden kommen) (ihr werdet kommen) (sie werden kommen)	
Präteritum	ich kam du kamst er, sie, es kam wir kamen ihr kamt sie kamen	ich käme du kämst er, sie, es käme wir kämen ihr kämt sie kämen oder ich würde kommen du würdest kommen …	Konjunktiv II
Plusquamperfekt	ich war gekommen du warst gekommen er, sie, es war gekommen wir waren gekommen ihr wart gekommen sie waren gekommen	ich wäre gekommen du wärest gekommen er, sie, es wäre gekommen wir wären gekommen ihr wäret gekommen sie wären gekommen	

W 31 Der Imperativ (Befehlsform)

Der **Imperativ** ist die Verbform, die eine **Aufforderung** ausdrückt. Es gibt ihn nur für die 2. Person Singular und Plural.

Beispiel: *Komm! Lauf! Gib! Sprich!*
Kommt! Lauft! Gebt! Sprecht!

W 32 Das Nomen/Substantiv (Namenwort, Hauptwort)

Nomen oder **Substantive** bezeichnen vor allem:

Gegenstände:	*Fußball, Haus, Computer*
Lebewesen:	*Esel, Kind, Frau*
Pflanzen:	*Blume, Gras, Blatt*
Vorgänge:	*Lauf, Bewegung, Untersuchung*
Eigenschaften:	*Klugheit, Fleiß*
Gefühle:	*Liebe, Trauer, Zuversicht*

Bei den Nomen/Substantiven unterscheidet man **Konkreta** und **Abstrakta**.

Konkreta nennt man die Nomen/Substantive, mit denen Gegenstände, Lebewesen oder Pflanzen bezeichnet werden. Man kann sie konkret sehen oder anfassen.

Abstrakta bezeichnen Sachverhalte, die nicht konkret sichtbar sind. Dazu gehören vor allem allgemeine Vorgänge, Eigenschaften, Gefühle und Vorstellungen.

W 33 Genus (grammatisches Geschlecht) des Nomens/Substantivs

Jedes **Nomen/Substantiv** hat ein **grammatisches Geschlecht (Genus)**. Das grammatische Geschlecht erkennt man am bestimmten Artikel (s. W 38), der vor dem Nomen/Substantiv stehen kann. Man unterscheidet **drei Formen des Genus**:

Maskulinum	(männlich):	***der*** *Wald,* ***der*** *Sturm,* ***der*** *Mann*
Femininum	(weiblich):	***die*** *Hütte,* ***die*** *Glocke,* ***die*** *Frau*
Neutrum	(sächlich):	***das*** *Ereignis,* ***das*** *Ziel,* ***das*** *Kind*

Grammatisches und natürliches Geschlecht stimmen oft nicht überein (z. B.: ***das*** *Mädchen*).

Das grammatische Geschlecht kann man auch herausfinden, indem man das Nomen/Substantiv durch ein Personalpronomen (s. W 47) ersetzt, z. B.:

der Fuchs – ***er*** = Maskulinum
die Rose – ***sie*** = Femininum
das Haus – ***es*** = Neutrum

W 34 Numerus (Zahl) des Nomens/Substantivs

Der **Numerus** eines Nomens/Substantivs verdeutlicht, ob es den bezeichneten Gegenstand, das Lebewesen ... einmal oder mehrmals gibt. Man unterscheidet demnach:

Singular (Einzahl): *der Arzt, die Blume, das Kind*
Plural (Mehrzahl): *die Ärzte, die Blumen, die Kinder*

Zu einigen Nomen/Substantiven gibt es nur den Singular oder nur den Plural.

Beispiele für Nomen, die nur im Singular erscheinen:
die Jugend, das Laub, der Regen, das Vieh, die Milch

Beispiele für Nomen/Substantive, die nur im Plural erscheinen:
die Ferien, die Kosten, die Masern, die Tropen, die Alpen

W 35 Kasus (grammatischer Fall) des Nomens/Substantivs

Im Satzzusammenhang kann ein Nomen/Substantiv in vier verschiedenen **Kasus** (Fällen) erscheinen, die man erfragen kann.

Kasus (Fall)	Kasusfrage	Beispiel
1. Fall: Nominativ	wer oder was?	der Hund
2. Fall: Genitiv	wessen?	des Hundes
3. Fall: Dativ	wem?	dem Hund
4. Fall: Akkusativ	wen oder was?	den Hund

Den **Kasus** bestimmt man am einfachsten, indem man mit dem ganzen Satz nach dem Nomen/Substantiv fragt.

Beispiel: *Sie besuchten* ***die Ausstellung****.*
(Wen oder) was *besuchten sie?*
die Ausstellung = **Akkusativ**

Bildet man zu einem Nomen/Substantiv die vier Kasus, so nennt man diesen Vorgang **Deklination** (Verb: **deklinieren**).

W 36 Die Deklination der Nomen/Substantive im Überblick

Maskulinum

		Numerus	
Kasus		**Singular**	**Plural**
Nominativ	(wer oder was?)	der Mann	die Männer
Genitiv	(wessen?)	des Mannes	der Männer
Dativ	(wem?)	dem Mann	den Männern
Akkusativ	(wen oder was?)	den Mann	die Männer

Femininum

		Numerus	
Kasus		**Singular**	**Plural**
Nominativ	(wer oder was?)	die Frau	die Frauen
Genitiv	(wessen?)	der Frau	der Frauen
Dativ	(wem?)	der Frau	den Frauen
Akkusativ	(wen oder was?)	die Frau	die Frauen

Neutrum

		Numerus	
Kasus		**Singular**	**Plural**
Nominativ	(wer oder was?)	das Kind	die Kinder
Genitiv	(wessen?)	des Kindes	der Kinder
Dativ	(wem?)	dem Kind	den Kindern
Akkusativ	(wen oder was?)	das Kind	die Kinder

W 37 Wie können Nomen/Substantive gebildet werden?

1. Durch **Zusammensetzungen** (Komposita, Einzahl: Kompositum)

Von den beiden Gliedern der Zusammensetzung ist das zweite Glied der Grundbegriff, der durch das erste Glied näher bestimmt wird. Man spricht auch von **Grundwort** und **Bestimmungswort**. Als Bestimmungswort können unterschiedliche Wortarten (Nomen/Substantiv, Adjektiv, Verb ...) dienen.

Ofentür	*Fahrlehrer*	*Heißhunger*	*Ansicht*
Zimmertür	*Lesebuch*	*Weißdorn*	*Vorlauf*
Stalltür	*Turnverein*	*Schwarzlicht*	*Mitleid*

2. Durch **Nominalisierung/Substantivierung** von Verben und Adjektiven und allen anderen Wortarten

das Laufen	*das Grün*	*die Zwei*
das Einatmen	*das Hoch*	*das Für und Wider*
das Rufen	*das Tief*	*dein Ich*

3. Durch **vorangestellte Wortbausteine (Präfixe)** wie

ge-: *Gebrüder, Geschwister, Gemeinde usw.*
un-: *Unglück, Unruhe, Unmut usw.*
miss-: *Misserfolg, Missernte, Missgunst usw.*

4. Durch **angehängte Wortbausteine (Suffixe)** wie

-heit: *Gesundheit, Faulheit, Trägheit usw.*
-keit: *Einsamkeit, Tapferkeit, Müdigkeit usw.*
-tum: *Reichtum, Eigentum, Irrtum usw.*
-schaft: *Mannschaft, Erbschaft, Landschaft usw.*
-ung: *Versicherung, Erziehung, Genugtuung usw.*
-nis: *Erzeugnis, Wagnis, Bekenntnis usw.*
-sal: *Schicksal, Rinnsal, Labsal usw.*
-chen: *Stühlchen, Häuschen, Bäumchen usw.*
-el: *Schaufel, Wiesel, Würfel usw.*

W 38 Der Artikel (Geschlechtswort, Begleiter)

Der **Artikel** steht vor dem Nomen/Substantiv und gibt das **grammatische Geschlecht** an (s. W 33). Man unterscheidet:

bestimmter Artikel: ***der, die, das*** – ***der*** *Mann,* ***die*** *Frau,* ***das*** *Kind*

unbestimmter Artikel: ***ein, eine, ein*** – ***ein*** *Mann,* ***eine*** *Frau,* ***ein*** *Kind*

Der **bestimmte Artikel** wird verwendet, wenn das Nomen/Substantiv etwas eindeutig Gemeintes bezeichnet.

Der **unbestimmte Artikel** bezeichnet irgendeinen Gegenstand, irgendein Lebewesen ... (s. W 32).

Die **Deklination des bestimmten Artikels** wird in der Übersicht zur Deklination der Nomen/Substantive (s. W 36) deutlich. Auch der **unbestimmte Artikel** kann zusammen mit seinem Nomen/Substantiv dekliniert werden. Es gibt allerdings keine Pluralformen.

W 39 Die Deklination eines Nomens/Substantivs mit einem unbestimmten Artikel

		Genus		
Kasus		**Maskulinum**	**Femininum**	**Neutrum**
Nominativ	(wer oder was?)	ein Mann	eine Frau	ein Kind
Genitiv	(wessen?)	eines Mannes	einer Frau	eines Kindes
Dativ	(wem?)	einem Mann	einer Frau	einem Kind
Akkusativ	(wen oder was?)	einen Mann	eine Frau	ein Kind

W 40 Das Adjektiv (Eigenschaftswort, Wiewort)

Adjektive geben die Eigenschaften von Gegenständen, Lebewesen, Pflanzen usw. an. Mit ihnen kann man auch Tätigkeiten, Vorgänge und Zustände näher kennzeichnen und bewerten. Zu einem Adjektiv gibt es häufig ein Gegenteil.

Beispiel: *groß – klein* *dick – dünn*
kurz – lang *kalt – warm*
rund – eckig *weit – eng*
nass – trocken *ernst – heiter*

W 41 Das Adjektiv im Satzzusammenhang

Im Satzzusammenhang kann das Adjektiv in unterschiedlicher Weise eingesetzt werden:

1. Das Adjektiv steht vor einem Nomen/Substantiv und kennzeichnet dieses näher. Es wird gemeinsam mit dem Nomen/Substantiv gebeugt (dekliniert) (s. S 14).

   Beispiel: *Der **kleine** Junge spielt mit einem **roten** Ball.*

2. Das Adjektiv bezieht sich auf ein Nomen/Substantiv, steht jedoch in enger Verbindung zu einem Hilfsverb. Es wird nicht gebeugt (dekliniert) (s. S 04).

   Beispiel: *Der Junge ist **klein**.*
   *Die Schuhe sind **schmutzig**.*

3. Das Adjektiv kennzeichnet eine Tätigkeit, einen Vorgang oder einen Zustand näher. Es wird nicht gebeugt (dekliniert) (s. S 11).

Beispiel: *Das Mädchen läuft* ***schnell****.*
Der Mond schien ***hell****.*
Die Blumen duften ***angenehm****.*

W 42 Die Deklination eines Adjektivs mit einem Nomen/Substantiv

	Singular		
Kasus	**Maskulinum**	**Femininum**	**Neutrum**
Nominativ Genitiv Dativ Akkusativ	der rote Ball des roten Balls dem roten Ball den roten Ball	die kleine Katze der kleinen Katze der kleinen Katze die kleine Katze	das alte Haus des alten Hauses dem alten Haus das alte Haus
	Plural		
Kasus	**Maskulinum**	**Femininum**	**Neutrum**
Nominativ Genitiv Dativ Akkusativ	die roten Bälle der roten Bälle den roten Bällen die roten Bälle	die kleinen Katzen der kleinen Katzen den kleinen Katzen die kleinen Katzen	die alten Häuser der alten Häuser den alten Häusern die alten Häuser

W 43 Die Steigerung der Adjektive

Viele Adjektive kann man steigern. Dabei unterscheidet man drei Stufen, den **Positiv** (Grundstufe), den **Komparativ** (1. Steigerungsstufe oder Vergleichsstufe) und den **Superlativ** (2. Steigerungsstufe oder Höchststufe). Einige Adjektive werden unregelmäßig gesteigert.

Steigerungsform	**Positiv** (Grundstufe)	**Komparativ** (Vergleichsstufe)	**Superlativ** (Höchststufe)
regelmäßig	klein	kleiner	am kleinsten
	schnell	schneller	am schnellsten
	weit	weiter	am weitesten
	groß	größer	am größten
unregelmäßig	gut	besser	am besten
	viel	mehr	am meisten

Einige Adjektive können nur einmal oder gar nicht gesteigert werden.

Nur einmal gesteigert werden zum Beispiel:.

äußere – äußerste
innere – innerste
vordere – vorderste
hintere – hinterste
untere – unterste

Gar nicht gesteigert werden vor allem Zusammensetzungen, Kennzeichnungen für Materialien oder Adjektive, die bereits im Positiv eine Höchststufe ausdrücken.

Beispiel: *himmelweit*
riesengroß
steinhart
golden
einzig
ganz

W 44 Wie können Adjektive gebildet werden?

1. Durch **vorangestellte Wortbausteine (Präfixe)** wie

ge-: *geheim, gesund, gemein, geschwind usw.*
un-: *ungesund, ungemütlich, unerfahren, unglücklich usw.*

2. Durch **angehängte Wortbausteine (Suffixe)** wie

-bar: *wunderbar, brauchbar, veränderbar usw.*
-haft: *dauerhaft, fehlerhaft, krankhaft usw.*
-ig: *riesig, lebendig, prächtig usw.*
-isch: *diebisch, närrisch, kindisch usw.*
-lich: *weiblich, veränderlich, sächlich usw.*
-sam: *einsam, mühsam, schweigsam usw.*

3. Durch **Zusammensetzungen** mit anderen Wortarten (Nomen/Substantive, Verben usw.) oder weiteren Adjektiven, zum Beispiel:

eiskalt	*hellrot*	*schreibfaul*	*vorwitzig*	*dreiseitig*
steinhart	*dunkelblau*	*treffsicher*	*nachlässig*	*zweibeinig*
taghell	*altklug*	*rauflustig*	*überlaut*	*viereckig*

W 45 Das Pronomen (Fürwort)

Die meisten **Pronomen** (auch: Pronomina) sind **deklinierbar**.
Oft vertreten sie das Nomen/Substantiv, stehen also stellvertretend für ein Nomen/Substantiv. Daher kommt auch die deutsche Bezeichnung **Fürwort**.

Beispiel: ***Der Junge*** *besucht* ***die Großmutter***.
Er *besucht* ***sie***.

Pronomen können auch ein Nomen/Substantiv begleiten, auf dieses hinweisen, sich darauf beziehen oder danach fragen.

Beispiel: ***Dieses*** *ist* ***meine*** *Schultasche.*
Wer *kann* ***sich*** *daran erinnern?*

W 46 Die unterschiedlichen Pronomen im Überblick

Personalpronomen (persönliches Fürwort):	ich, du ...
Possessivpronomen (besitzanzeigendes Fürwort):	mein, dein ...
Demonstrativpronomen (hinweisendes Fürwort):	dieser, jener ...
Relativpronomen (bezügliches Fürwort):	der, welcher ...
Reflexivpronomen (rückbezügliches Fürwort):	sich, mich ...
Interrogativpronomen (fragendes Fürwort):	wer? was? ...
Indefinitpronomen (unbestimmtes Fürwort):	jemand, man ...

W 47 Das Personalpronomen (persönliches Fürwort)

Personalpronomen (persönliche Fürwörter) stehen für Personen oder Sachen.

Beispiel: ***Das Mädchen*** *schlägt* ***den Nagel*** *mit dem Hammer in die Wand.*
Sie (Es) *schlägt* ***ihn*** *mit dem Hammer in die Wand.*

Mit **Personalpronomen** werden auch die **Personalformen** eines Verbs (s. W 06) gebildet (***ich*** *gehe,* ***du*** *gehst,* ***er***, ***sie***, ***es*** *geht* ...). Man unterscheidet jeweils im Singular und Plural drei Personen, die mit einem Personalpronomen bezeichnet werden können:

	Singular	**Plural**
die sprechende Person (1. Person):	ich	wir
die angesprochene Person (2. Person):	du	ihr
die Person oder Sache, über die gesprochen wird (3. Person):	er, sie, es	sie

W 48 Die Deklination der Personalpronomen

Singular	Kasus			
	Nominativ	Genitiv	Dativ	Akkusativ
1. 2. 3.	ich du er sie es	meiner deiner seiner ihrer seiner	mir dir ihm ihr ihm	mich dich ihn sie es
Plural				
1. 2. 3.	wir ihr sie	unser euer ihrer	uns euch ihnen	uns euch sie
höfliche Anrede				
	Sie	Ihrer	Ihnen	Sie

W 49 Das Possessivpronomen (besitzanzeigendes Fürwort)

Das **Possessivpronomen** zeigt den **Besitz** oder die **Zugehörigkeit** an. Es steht in der Regel vor dem Nomen/Substantiv, auf das es sich bezieht.

Beispiel: ***mein*** *Computer,* ***unsere*** *Wohnung,* ***euer*** *Haus*

Zu jedem **Personalpronomen** gibt es ein passendes **Possessivpronomen**:

Personalpronomen	Possessivpronomen im Nominativ Singular		
	Maskulinum	Femininum	Neutrum
ich	mein (Hund)	meine (Katze)	mein (Pferd)
du	dein	deine	dein
er	sein	seine	sein
sie	ihr	ihre	ihr
es	sein	seine	sein
wir	unser	unsere	unser
ihr	euer	eure	euer
sie	ihr	ihre	ihr

W 50 Die Deklination der Possessivpronomen

Perso-nal-pron.	Kasus	Singular			Plural
		Maskulinum	Femininum	Neutrum	Mask., Fem., Neutr.
1. Pers. ich	Nominativ	mein (Hund)	meine (Maus)	mein (Pferd)	meine (Hunde, Mäuse, Pferde)
	Genitiv	meines	meiner	meines	meiner
	Dativ	meinem	meiner	meinem	meinen
	Akkusativ	meinen	meine	mein	meine
2. Pers. du	Nominativ	dein	deine	dein	deine
	Genitiv	deines	deiner	deines	deiner
	Dativ	deinem	deiner	deinem	deinen
	Akkusativ	deinen	deine	dein	deine
3. Pers. er, es	Nominativ	sein	seine	sein	seine
	Genitiv	seines	seiner	seines	seiner
	Dativ	seinem	seiner	seinem	seinen
	Akkusativ	seinen	seine	sein	seine
3. Pers. sie	Nominativ	ihr	ihre	ihr	ihre
	Genitiv	ihres	ihrer	ihres	ihrer
	Dativ	ihrem	ihrer	ihrem	ihren
	Akkusativ	ihren	ihre	ihr	ihre
1. Pers. wir	Nominativ	unser	unsere	unser	unsere
	Genitiv	unseres	unserer	unseres	unserer
	Dativ	unserem	unserer	unserem	unseren
	Akkusativ	unseren	unsere	unser	unsere
2. Pers. ihr	Nominativ	euer	eure	euer	eure
	Genitiv	eures	eurer	eures	eurer
	Dativ	eurem	eurer	eurem	euren
	Akkusativ	euren	eure	euer	eure
3. Pers. sie	Nominativ	ihr	ihre	ihr	ihre
	Genitiv	ihres	ihrer	ihres	ihrer
	Dativ	ihrem	ihrer	ihrem	ihren
	Akkusativ	ihren	ihre	ihr	ihre

Zu den Possessivpronomen gibt es ebenfalls eine Höflichkeitsform, die großgeschrieben wird.

Beispiel: *Wir werden uns um* ***Ihr*** *Anliegen kümmern.*

W 51 Das Demonstrativpronomen (hinweisendes Fürwort)

Demonstrativpronomen weisen auf eine Person, einen Gegenstand oder Sachverhalt hin. Oft stehen sie als Begleiter **vor einem Nomen/Substantiv**.

Beispiel: ***Dieses*** *Fahrrad wünsche ich mir zum Geburtstag.*
Ich erinnere mich nicht gern an ***jenes*** *Ereignis.*

Ein Demonstrativpronomen kann jedoch auch **für ein Nomen/Substantiv** stehen.

Beispiel: ***Dieses*** *ist mir zu teuer. (**Dieses** = Fahrrad)*

W 52 Die unterschiedlichen Demonstrativpronomen

Man unterscheidet folgende Demonstrativpronomen:

- **der, die, das**
  Die Wörter werden in diesem Fall betont ausgesprochen und unterscheiden sich dadurch vom Artikel.

  Beispiel: ***Die*** *Hose gefällt mir nicht.*

- **dieser, diese, dieses**
  Diese Demonstrativpronomen weisen noch etwas betonter als „der, die das" auf etwas hin.

  Beispiel: ***Diese*** *Regel kann ich mir gut merken.*

- **jener, jene, jenes**
  Mit diesen Demonstrativpronomen zeigt ein Sprecher häufig, dass er von einer Person oder Sache Abstand halten will. Oft besteht auch eine große räumliche oder zeitliche Entfernung.

  Beispiel: *In* ***jener*** *Zeit gab es noch kein elektrisches Licht.*
  Mit ***jenen*** *Menschen möchte ich nichts zu tun haben.*

- **solcher, solche, solches – solch ein, solch eine, solch ein**
  Diese Demonstrativpronomen weisen auf die besondere Art einer Person oder Sache hin.

  Beispiel: *Einen* ***solchen*** *Erfolg haben wir nicht erwartet.*
  Solch ein *Mittelstürmer ist unbezahlbar.*

- **derselbe, dieselbe, dasselbe**
  Diese Demonstrativpronomen deuten auf eine bekannte und bereits genannte Person oder Sache hin.

  Beispiel: *Wir fuhren mit **derselben** Fähre wie im letzten Jahr.*

- **derjenige, diejenige, dasjenige**
  Diese Demonstrativpronomen weisen sehr oft auf eine Person oder Sache hin, die im weiteren Satzzusammenhang näher gekennzeichnet wird. Fast immer folgt ein Relativsatz (s. S 26).

  Beispiel: *Ich suche **diejenigen** Kinder, die meine Kirschen gepflückt haben.*

W 53 Die Deklination eines Demonstrativpronomens mit einem Nomen/Substantiv

Kasus	Singular			Plural
	Maskulinum	Femininum	Neutrum	Mask., Fem., Neutr.
Nominativ	dieser Weg	diese Wiese	dieses Land	diese Wege, Wiesen, Länder
Genitiv	dieses Weges	dieser Wiese	dieses Landes	dieser Wege, Wiesen, Länder
Dativ	diesem Weg	dieser Wiese	diesem Land	diesen Wegen, Wiesen, Ländern
Akkusativ	diesen Weg	diese Wiese	dieses Land	diese Wege, Wiesen, Länder

W 54 Das Relativpronomen (bezügliches Fürwort)

Das **Relativpronomen** leitet einen **Gliedsatz** (**Relativsatz/Attributsatz**, s. S 26 und S 32) ein, der durch Komma vom Hauptsatz abgetrennt wird.
Häufig bezieht sich das Relativpronomen auf ein Nomen/Substantiv des übergeordneten Satzes. Es kann sich jedoch auch auf ein Pronomen oder den gesamten übergeordneten Satz beziehen.

Wenn es der Satzzusammenhang erfordert, kann vor ein Relativpronomen auch eine Präposition (s. W 76) treten.

W 55 Die unterschiedlichen Relativpronomen und ihr Bezug

Man unterscheidet folgende Relativpronomen:

der, die, das
welcher, welche, welches
wer, was

1. **Relativpronomen** mit Bezug zu einem **Nomen/Substantiv** des übergeordneten Satzes.

   Beispiel: *Das Haus, **das (welches)** am Ende der Straße steht, hat grüne Fensterrahmen.*
   *Der Junge, **mit dem (mit welchem)** ich immer gespielt habe, ist in eine andere Stadt gezogen.*
   *Die Katze, **die (welche)** mir zugelaufen ist, hat sich schnell erholt.*

2. **Relativpronomen** mit Bezug zu einem **Pronomen** aus dem übergeordneten Satz.

   Beispiel: *Das, **was** ich dir versprochen habe, werde ich auch halten.*
   *Ich suche diejenigen, **die (welche)** mich im Zug angesprochen haben.*

3. **Relativpronomen** mit Bezug zum **gesamten übergeordneten Satz**.

   Beispiel: *Ich verstehe gut, **was** du meinst.*
   ***Wer** Interesse hat, kann mit in die Ausstellung gehen.*

W 56 Die Deklination des Relativpronomens „der, die, das"

Kasus	Singular			Plural
	Maskulinum	Femininum	Neutrum	
Nominativ	der	die	das	die
Genitiv	dessen	deren	dessen	deren
Dativ	dem	der	dem	denen
Akkusativ	den	die	das	die

W 57 Das Reflexivpronomen (rückbezügliches Fürwort)

Das **Reflexivpronomen** bezieht sich im Satzzusammenhang fast immer zurück auf das Satzglied **Subjekt**, das über die handelnde Person oder den genannten Gegenstand informiert (s. S 02). Reflexivpronomen und Subjekt bezeichnen im Satz somit dieselbe Person oder denselben Gegenstand.

Beispiel: *Die Reporter informieren **sich** über das Ereignis.*

*Du bemühst **dich** um eine lesbare Handschrift.*

*Ich gönne **mir** eine Pause.*

Einige **Verben** erscheinen immer nur im Zusammenhang **mit einem Reflexivpronomen**, zum Beispiel: sich erinnern, sich anfreunden, sich aufregen, sich benehmen, sich unterhalten ... (s. S 09).

W 58 Die Deklination der Reflexivpronomen

Reflexivpronomen erscheinen im Satzzusammenhang überwiegend im Dativ oder Akkusativ. Der Genitiv kommt selten vor. Der Nominativ entfällt.

Kasus	**Singular**		
	1. Pers.	**2. Pers.**	**3. Pers**
Nominativ	–	–	–
Genitiv	meiner	deiner	seiner selbst (ihrer selbst)
Dativ	mir	dir	sich
Akkusativ	mich	dich	sich

Kasus	**Plural**		
	1. Pers.	**2. Pers.**	**3. Pers**
Nominativ	–	–	–
Genitiv	unser	euer	ihrer selbst
Dativ	uns	euch	sich
Akkusativ	uns	euch	sich

W 59 Das Interrogativpronomen (fragendes Fürwort)

Interrogativpronomen leiten Fragen nach einer Person, einer Sache oder einem Vorgang ein. Sie können **für ein Nomen/Substantiv** oder als Begleiter **vor einem Nomen/Substantiv** stehen.

Beispiel: ***Wer*** *leiht mir sein Fahrrad?*
Welches *Fahrrad soll ich mir kaufen?*

Vor einem Interrogativpronomen kann manchmal eine **Präpositon** (s. W 76) stehen.

Beispiel: ***An welches*** *Spiel erinnerst du dich besonders gern?*

W 60 Die unterschiedlichen Interrogativpronomen

Man unterscheidet folgende Interrogativpronomen:

wer? was?
welcher? welche? welches? (welch ein? welch eine? welch ein?)
was für ein? was für eine?

1. Das Pronomen **wer** fragt immer nach Lebewesen.

Beispiel: ***Wer*** *hat das Bonbon gegessen?*

2. Das Pronomen **was** fragt nach Gegenständen, Handlungen oder Vorgängen.

Beispiel: ***Was*** *hast du heute gemacht?*

3. Mit den Pronomen **welcher**, **welche**, **welches** wird häufig nach einer Person oder Sache gefragt, die zu einer Gruppe gehört.

Beispiel: ***Welche*** *Schülerin hat heute Zeit?*
Auf welchem *Campingplatz hast du Urlaub gemacht?*

4. Auch bei Ausrufen verwendet man das Pronomen **welcher**, **welche**, **welches**. Zwischen Pronomen und Nomen/Substantiv tritt dann oft ein unbestimmter Artikel.

Beispiel: ***Welch ein (welches)*** *Glück!*

5. Mit dem Pronomen **was für ein/eine** fragt man nach der Beschaffenheit und näheren Kennzeichnung eines Gegenstandes oder eines Lebewesens.

Beispiel: ***Was für ein*** *Kleid wünschst du dir?*

Achtung: Fragewörter wie „wann?“, „weshalb?“, „wo?“ „wie?“... sind keine Interrogativpronomen, sondern Frageadverbien (s. W 75). Sie stehen nicht stellvertretend für ein Nomen/Substantiv und können es auch nicht begleiten.

W 61 Die Deklination des Interrogativpronomens „wer?“ – „was?“

Kasus	Singular und Plural		
	Maskulinum	**Femininum**	**Neutrum**
Nominativ	wer?	wer?	was?
Genitiv	wessen?	wessen?	wessen?
Dativ	wem?	wem?	wem?
Akkusativ	wen?	wen?	was?

W 62 Die Deklination des Interrogativpronomens „welcher?“ – „welche?“ – „welches?“

Kasus	Singular			Plural
	Maskulinum	**Femininum**	**Neutrum**	
Nominativ	welcher?	welche?	welches?	welche?
Genitiv	welchen?	welcher?	welchen?	welcher?
Dativ	welchem?	welcher?	welchem?	welchen?
Akkusativ	welchen?	welche?	welches?	welche?

W 63 Das Indefinitpronomen (unbestimmtes Fürwort)

Indefinitpronomen bezeichnen ganz allgemein und unbestimmt Personen oder Sachen. Häufig ist auch eine nicht weiter bestimmte Anzahl gemeint. Indefinitpronomen können **für ein Nomen/Substantiv** oder als Begleiter **vor einem Nomen/Substantiv** stehen. Die meisten Indefinitpronomen sind deklinierbar (Ausnahmen zum Beispiel: *man, etwas*).

Beispiel: *Ich spreche **jemand(en)** an.*
*Der Autor hat **viele** Bücher geschrieben, **einige** habe ich gelesen.*
***Man** konnte es nicht voraussehen.*

Die **wichtigsten Indefinitpronomen** sind: man, jemand, niemand, einer, keiner, jeder, einzelner, mancher, irgendeiner, irgendwer, irgendwas, irgendwelche, einige, ein paar, mehrere, viele, alle, sämtliche, wenige, etliche, etwas, nichts.

W 64 Die Deklination der Indefinitpronomen „jemand“ – „niemand“ – „keiner“

Kasus	Indefinitpronomen		
Nominativ	jemand	niemand	keiner
Genitiv	jemandes	niemandes	keines
Dativ	jemand(em)	niemand(em)	keinem
Akkusativ	jemand(en)	niemand(en)	keinen

W 65 Das Numerale (Zahlwort)

Numeralien sind die Wörter, mit denen man **Mengen** zählt und **Strecken**, **Räume** und **Zeiten** misst. Viele ähneln sehr stark den Adjektiven. Sie können jedoch nur zum Teil dekliniert werden.

Beispiel: *Eine Fußballmannschaft besteht aus **elf** Spielern.*
*Der **erste** Monat im Jahr heißt Januar.*
*Die Bremsspur betrug **vier** Meter.*

W 66 Die unterschiedlichen Numeralien

Man unterscheidet folgende Zahlwörter:

1. **Kardinalzahlen (Grundzahlen):** *eins, zwei, drei, zehn, hundert, tausend ...*
   Kardinalzahlen werden in der Regel nicht dekliniert. Eine Ausnahme bildet die Zahl eins, wenn sie wie der unbestimmte Artikel vor einem Nomen/Substantiv steht.

   Beispiel: *Du hast noch **einen** Wunsch frei.*

   Zu den **Kardinalzahlen** zählen auch die **Wiederholungszahlen** *(dreimal, viermal, zehnmal ...).*

2. **Ordinalzahlen (Ordnungszahlen):** *der erste, zweite, dritte, zehnte, hundertste, tausendste Besucher*
   Ordinalzahlen werden **wie ein Adjektiv** zusammen mit ihrem Nomen/Substantiv **gebeugt *(dekliniert)***.

   Beispiel: *Wir beglückwünschen **den tausendsten** Besucher der Ausstellung.*

Von den **Ordinalzahlen** werden die **Bruchzahlen** *(ein Drittel, ein Viertel, ein Zehntel ...)* und die **Einteilungszahlen** *(erstens, zweitens, zehntens ...)* abgeleitet. Bruchzahlen, die vor Maßangaben stehen, werden kleingeschrieben (*ein viertel Kilogramm*) oder mit der Maßangabe zusammengeschrieben (*ein Viertelkilogramm*). Bruchzahlen, die allein stehen, sind grammatisch Nomen/Substantive und werden großgeschrieben *(ein Artikel)*.

W 67 Deklination einer Ordinalzahl mit einem Nomen/Substantiv im Maskulinum

Kasus	Singular	Plural
Nominativ	der erste Tag	die ersten Tage
Genitiv	des ersten Tages	der ersten Tage
Dativ	dem ersten Tag	den ersten Tagen
Akkusativ	den ersten Tag	die ersten Tage

W 68 Das Adverb (Umstandswort)

Adverbien dienen vor allem dazu, innerhalb eines Satzes die **Umstände des Geschehens** näher zu kennzeichnen (Zeit, Ort, Grund ...). Sie verändern im Satzzusammenhang nicht ihre Form, sind also **nicht flektierbar**.
Häufig bilden sie ein eigenständiges Satzglied.

Beispiel: *(**Morgen**) (besuche) (ich) (meine Freundin).*
*(Ich) (sehe) (**dort**) (die neue Sprungschanze).*

W 69 Die unterschiedlichen Adverbien

Man unterscheidet folgende Adverbien:

- **Lokaladverb** (Umstandswort des Ortes)
- **Temporaladverb** (Umstandswort der Zeit)
- **Modaladverb** (Umstandswort der Art und Weise)
- **Kausaladverb** (Umstandswort des Grundes)
- **Relativadverb** (Umstandswort, das eine Beziehung ausdrückt)
- **Interrogativadverb** (Umstandswort, mit dem man fragt)

W 70 Das Lokaladverb (Umstandswort des Ortes)

Lokaladverbien geben Auskunft über den Ort des Geschehens. Man erfragt sie mit: **Wo? Wohin? Woher?**

Wichtige Lokaladverbien sind:

hier, da, dort, oben, unten, draußen, drinnen, innen, außen, hierher, nirgendwo, dorthin, rechts, links, bergauf, bergab, aufwärts, abwärts, vorn, hinten, überall ...

Beispiel: ***Draußen*** *stürmte es fürchterlich.*
Am Morgen wanderten wir eine Stunde ***bergauf****.*

W 71 Das Temporaladverb (Umstandswort der Zeit)

Temporaladverbien ordnen das im Satz ausgedrückte Geschehen in eine bestimmte Zeit ein. Man erfragt sie mit: **Wann? Wie lange? Seit wann? Wie oft?**

Wichtige Temporaladverbien sind:

jetzt, heute, nun, bald, gestern, morgen, neulich, zuerst, zuletzt, dann, damals, bereits, noch, niemals, morgens, abends, mittags, seither, vorher, nachher, demnächst, sofort, inzwischen, endlich, immer, oft, nie, nochmals, stets, zeitweise ...

Beispiel: *Mein Bruder kam* ***gestern*** *in Frankfurt an.*
Morgens *gehe ich* ***immer*** *zum Schwimmen.*

W 72 Das Modaladverb (Umstandswort der Art und Weise)

Modaladverbien beschreiben näher, auf welche Art und Weise sich eine Handlung vollzieht. Man erfragt sie mit: **Wie? Auf welche Weise? Wie sehr?**

Wichtige Modaladverbien sind:

gern, sehr, anders, vergebens, ebenso, ebenfalls, gleichsam, teilweise, möglicherweise, paarweise, äußerst, sogar, nur, vielleicht, nicht, noch, überaus, kaum, fast ...

Beispiel: *Nele geht* ***gern*** *in den Zirkus.*
Fast *hätte ich vergessen, dir zu gratulieren.*

W 73 Das Kausaladverb (Umstandswort des Grundes)

Kausaladverbien geben den Grund, den Zweck, das Mittel oder die Bedingung an, unter denen etwas geschieht. Man erfragt sie mit: **Warum? Weshalb? Wozu? Wofür? Womit? Unter welcher Bedingung?**
Kausaladverbien verdeutlichen häufig den gedanklichen Zusammenhang von zwei Aussagen und können die Aufgabe einer Konjunktion (s. W 78–79) übernehmen.

Wichtige Kausaladverbien sind:

darum, deshalb, daher, folglich, deswegen, trotzdem, dennoch, dafür, also, infolgedessen, denn, somit, dadurch, hiermit, nämlich ...

Beispiel: *Mirijam verletzte sich.* ***Deshalb*** *konnte sie den Wettkampf nicht fortsetzen.*
Wir haben uns ***dennoch*** *erholt.*

W 74 Das Relativadverb (Umstandswort, das eine Beziehung ausdrückt)

Relativadverbien leiten einen **Nebensatz/Gliedsatz** (**Relativsatz**, s. S 26) ein. Sie beziehen sich auf ein Nomen/Substantiv des Hauptsatzes oder auf den gesamten Hauptsatz.
Im Gegensatz zu den Relativpronomen (s. W 54–56) sind sie nicht flektierbar.

Zu den Relativadverbien gehören:

wo, wohin, weshalb, worüber ...

Beispiel: *Kennst du das Land,* ***wo*** *die Zitronen blühen?*
Ich weiß nicht, ***worüber*** *ich mit dir reden soll.*

W 75 Das Interrogativadverb (Umstandswort, mit dem man fragt)

Frageadverbien leiten **Fragesätze** (Ergänzungsfragen, s. S 19) ein, die sich auf die näheren Umstände eines Geschehens beziehen. Von den Fragepronomen unterscheiden sie sich, weil sie nicht vor einem oder für ein Nomen/Substantiv stehen.

Die wichtigsten Interrogativadverbien sind:

Wo? Wohin? Woher? (lokal)
Wann? Wie oft? Wie lange? (temporal)
Wie? (modal)
Warum? Weshalb? (kausal)
Wozu? Wofür? (final)
Womit? Wodurch? (instrumental)

Beispiel: ***Wo*** *liegt der schöne Ort Medebach?*
Wann *sehen wir uns wieder?*
Womit *hast du dieses Bild gemalt?*

W 76 Die Präposition (Verhältniswort)

Mit **Präpositionen** können die Glieder eines Satzes in Beziehung gesetzt werden. So können mit Präpositionen zum Beispiel **räumliche** (vor, hinter), **zeitliche** (bis, nach) oder **ursächliche** (wegen, infolge) **Beziehungen/Verhältnisse** deutlich gemacht werden.
Präpositionen stehen sehr häufig **vor einem Nomen/Substantiv** oder **Pronomen**. Gelegentlich verschmelzen sie mit dem bestimmten Artikel (im – in dem; vorm – vor dem).

Beispiel: *Die Katze sitzt **auf** der Mauer.*
__Vor__ ihr liegt ein kleiner Ball.
__Im (in dem)__ Wald hat sich die Maus versteckt.

W 77 Präpositionen und die geforderten grammatischen Fälle

Präpositionen erfordern von dem Nomen/Substantiv oder Pronomen, vor dem sie stehen, jeweils einen bestimmten grammatischen Fall. So kann man sie folgendermaßen einteilen:

- **Präpositionen mit dem Genitiv:**
  aufgrund, anstelle, anlässlich, außerhalb, innerhalb, diesseits, jenseits, unweit, ungeachtet, während, wegen, trotz, zugunsten ...

  Beispiel: *__Wegen__ des schlechten Wetters mussten wir eine Pause einlegen.*
  __Trotz__ einer Verletzung spielte der Mittelstürmer.

- **Präpositionen mit dem Dativ:**
  aus, bei, von, nach, außer, zu, seit, mit, entgegen, entsprechend ...

  Beispiel: *Er spielt **mit** der Eisenbahn.*
  *Wir treffen uns **bei** mir.*

- **Präpositionen mit dem Akkusativ:**
  für, durch, um, ohne, gegen, wider ...

  Beispiel: *Er läuft **durch** den Wald.*
  __Ohne__ festes Schuhwerk sollte man nicht wandern.

- **Präpositionen mit dem Dativ oder Akkusativ:**
  an, auf, hinter, neben, in, über, unter, vor, zwischen ...

Dativ (wo?)	Akkusativ (wohin?)
*Wir treffen uns **in** dem Gartenhaus.* *Er hat sich **unter** dem Tisch versteckt.* *Der Eimer steht **neben** dem Schrank.*	*Wir ziehen **in** das Gartenhaus.* *Er kriecht **unter** den Tisch.* *Ich stelle den Eimer **neben** den Schrank.*

W 78 Die Konjunktion (Bindewort)

Konjunktionen verbinden **Wörter**, **Wortgruppen** oder **Sätze** miteinander.

Beispiel: *Lukas* ***und*** *Marie sitzen in der Schule nebeneinander.*
Lukas liest am liebsten Krimis von Agatha Christie ***oder*** *spannende Abenteuerbücher.*
Marie bleibt heute zu Hause, ***weil*** *sie erkältet ist.*

Man unterscheidet **nebenordnende Konjunktionen** und **unterordnende Konjunktionen**.

W 79 Nebenordnende Konjunktionen

Werden **grammatisch gleichwertige Wörter**, **Wortgruppen** oder **Sätze (zum Beispiel Hauptsätze)** miteinander verbunden, spricht man von **nebenordnenden Konjunktionen**. Häufig verdeutlichen sie den logischen Zusammenhang zwischen den verbundenen Wörtern, Wortgruppen oder Sätzen.
Adverbien (s. W 73) können die Aufgabe von Konjunktionen übernehmen.

Wichtige nebenordnende Konjunktionen sind:

und, oder, auch, sowie, zudem, ferner, sowohl – als auch, weder – noch, nicht nur – sondern auch, aber, dennoch, andernfalls, also, genauso, insofern, denn, somit, daher, darum, trotzdem ...

Beispiel: *Jannis, Marius* ***oder*** *Lukas können im Tor spielen.*
Jonas ist klein, ***aber*** *schnell.* ***Deshalb*** *spielt er im Angriff.*
Marie hat sich am Fuß verletzt, ***trotzdem*** *spielt sie weiter.*

W 80 Unterordnende Konjunktionen

Unterordnende Konjunktionen **leiten einen Gliedsatz/Nebensatz ein** und verbinden diesen mit einem grammatisch übergeordneten Hauptsatz.

Wichtige unterordnende Konjunktionen sind:

dass, als, nachdem, bevor, während, weil, da, wenn, so dass (auch: sodass), indem, obwohl, obgleich, damit, anstatt dass ... (s. S 25, 33)

Beispiel: *Wir machten einen Spaziergang,* ***nachdem*** *wir gegessen hatten.*
Wenn *es regnet, bleiben wir in der Klasse.*

Satzlehre

S 01 Was ist ein Satzglied?

Sätze bestehen nicht aus lose aneinandergereihten Wörtern, sondern aus **Satzgliedern**, die unterschiedliche Aufgaben im Satz übernehmen. **Satzglieder** können **aus einem Wort**, aber auch **aus mehreren Wörtern**, die zu einer Wortgruppe gehören, bestehen.
Welche Wörter eines Satzes jeweils ein Satzglied bilden, findet man heraus, wenn man versucht, sie umzustellen. Man spricht auch von der **Umstellprobe**. Einzelne Wörter oder Wortgruppen, die sich bei der Umstellprobe verschieben lassen, bilden ein Satzglied.

Beispiel:

Paula	*schenkte*	*gestern*	*ihrem Freund*	*einen kleinen Hund.*
Gestern	*schenkte*	*Paula*	*ihrem Freund*	*einen kleinen Hund.*
Einen kleinen Hund	*schenkte*	*Paula*	*ihrem Freund*	*gestern.*
Ihrem Freund	*schenkte*	*Paula*	*gestern*	*einen kleinen Hund.*

S 02 Die unterschiedlichen Satzglieder und ihre Aufgaben

Das Subjekt (Satzgegenstand)

Das Satzglied **Subjekt** drückt aus, **wer oder was** etwas tut oder **wer oder was** etwas ist. Es besteht immer aus einem Nomen/Substantiv, zu dem weitere Wörter hinzukommen können, oder aus einem Pronomen. Das Subjekt steht immer im **Nominativ (1. Fall)**.
Das Subjekt antwortet auf die Frage: **Wer oder was ...?**

Beispiel: *Die kleinen Kinder spielen im Hof.*
Frage: *Wer (oder was) spielt im Hof?*
Antwort: *die kleinen Kinder* = **Subjekt**

Beispiel: *Das Wasser ist kalt.*
Frage: *(Wer oder) was ist kalt?*
Antwort: *das Wasser* = **Subjekt**

Beispiel: *Morgen besuchen wir euch.*
Frage: *Wer (oder was) besucht euch morgen?*
Antwort: *wir* = **Subjekt**

Das **Subjekt** kann auch die **Form eines Gliedsatzes** haben. Man spricht dann vom **Subjektsatz** (s. S 30).

S 03 Das Prädikat (Satzaussage)

Das **Prädikat** drückt aus, was das Subjekt (die Person, der Gegenstand ...) tut, was es ist oder was mit ihm geschieht. Das Prädikat besteht immer aus der **konjugierten Form eines Verbs**.
Das Prädikat antwortet auf die Frage: **Was tut ...? Was geschieht ...?**

Beispiel: *Der Hund bellt in seinem Zwinger.*
Frage: *Was tut der Hund?*
Antwort: *(Er) bellt* = **Prädikat**

Das **Prädikat** kann auch **aus zwei Teilen** bestehen. Man spricht dann von einer **Prädikatsklammer**, wenn das Prädikat andere Satzglieder einschließt.

Beispiel: *Morgen rufe ich dich an.*
Frage: *Was tue ich morgen?*
Antwort: *(Ich) rufe (dich) an* = **Prädikat**

Beispiel: *Das Auto wird aus dem Graben gezogen.*
Frage: *Was geschieht mit dem Auto?*
Antwort: *(Es) wird (aus dem Graben) gezogen* = **Prädikat**

S 04 Das Prädikativ (Artergänzung, Gleichsetzungsnominativ)

Das **Prädikativ** ist eine Ergänzung der Hilfsverben ***sein*** und ***werden*** und sehr eng mit dem Prädikat verbunden. Inhaltlich bezieht es sich auf das Subjekt.
Es ist ein eigenständiges Satzglied, weil es umgestellt werden kann. Auch die Verben ***bleiben*** und ***gelten als*** erfordern ein Prädikativ.
Das Prädikativ kann auf unterschiedliche Weise gebildet werden, zum Beispiel:

- mit einem **Adjektiv**, das nicht dekliniert ist.
  Beispiel: *Die Katze ist* ***zahm****.* *Das Wetter wird* ***schlechter****.*
- mit einem **Nomen/Substantiv und weiteren Wortarten im Nominativ (Gleichsetzungsnominativ)**.
  Beispiel: *Lukas ist* ***mein bester Freund****.* *Marie gilt als* ***gute Basketballspielerin****.*
- mit einem **Numerale**.
  Beispiel: *Sie waren* ***zu dritt****.*

S 05 Das Objekt (Satzergänzung)

Viele Prädikate erfordern weitere Satzglieder, damit ein sinnvoller Satz entsteht. Zu diesen Satzgliedern zählen auch die **Objekte**, die das **Ziel der Handlung** oder den Gegenstand bzw. die Person, die von dieser Handlung betroffen ist, nennen. Objekte bestehen wie das Subjekt mindestens aus einem **Nomen/Substantiv oder Pronomen**. Zu dem Nomen/Substantiv können weitere Wortarten hinzukommen.

Man unterscheidet folgende Objekte:

S 06 Das Akkusativobjekt

Das **Akkusativobjekt** antwortet auf die Frage: **Wen oder was?**

Beispiel: *Paul besucht **seinen Freund**.*
Frage: ***Wen (oder was)** besucht Paul?*
Antwort: ***seinen Freund*** = **Akkusativobjekt**

Beispiel: ***Dieses Spiel** habe ich mir gewünscht.*
Frage: ***(Wen oder) was** habe ich mir gewünscht?*
Antwort: ***dieses Spiel*** = **Akkusativobjekt**

S 07 Das Dativobjekt

Das **Dativobjekt** antwortet auf die Frage: **Wem?**

Beispiel: *Andrea hilft **ihrem Bruder**.*
Frage: ***Wem** hilft Andrea?*
Antwort: ***ihrem Bruder*** = **Dativobjekt**

S 08 Das Genitivobjekt

Das **Genitivobjekt** kommt sehr selten und nur in Verbindung mit wenigen Verben vor; zum Beispiel: gedenken, sich bemächtigen, bedürfen.
Das Genitivobjekt antwortet auf die Frage: **Wessen?**

Beispiel: *Wir gedenken **unserer Verstorbenen**.*
Frage: ***Wessen** gedenken wir?*
Antwort: ***unserer Verstorbenen*** = **Genitivobjekt**

S 09 Das präpositionale Objekt

Bestimmte Verben stehen eng mit einer Präposition in Verbindung und erfordern Objekte, die mit diesen Präpositionen eingeleitet werden. Die Präpositionen verlangen wiederum einen bestimmten Kasus (Fall) des folgenden Nomens/ Substantivs. Man unterscheidet: **präpositionales Dativobjekt und präpositionales Akkusativobjekt**.

Präpositionale Objekte antworten entsprechend den verwendeten Präpositionen auf Fragen wie:

worauf/auf wen oder was, wofür/für wen oder was, woraus, woran, worüber ...

Ein **präpositionales Objekt** erfordern zum Beispiel folgende Verben:

achten auf, arbeiten an, abhängen von, anfangen mit, beginnen mit, aufhören mit, sich aufregen über, sich bedanken für, berichten über, bestehen aus, anknüpfen an, sich ärgern über, sich streiten um ...

Beispiel: *Ich bedanke mich **für das Geschenk**.*
Frage: ***Wofür/Für** (wen oder) **was** bedanke ich mich?*
Antwort: ***für das Geschenk*** = **präpositionales Akkusativobjekt**

Beispiel: *Ich beginne jetzt **mit meiner Rede**.*
Frage: ***Womit/Mit** (wem oder) **was** beginne ich jetzt?*
Antwort: ***mit meiner Rede*** = **präpositionales Dativobjekt**

Das **Objekt** kann auch die **Form eines Gliedsatzes/Nebensatzes** haben. Man spricht dann vom **Objektsatz** (s. S 31).

S 10 Die Reihenfolge der Objekte im einfachen Satz

Beginnt ein einfacher Satz mit einem Subjekt und folgen auf das Prädikat ein Dativobjekt und ein Akkusativobjekt, steht in der Regel immer zuerst das Dativobjekt.

Beispiel: *Der Briefträger überreicht **der Frau** **ein Paket**.*
Dat.-Obj. Akk.-Obj.

Wird das Akkusativobjekt aus einem Personalpronomen gebildet, ändert sich die Reihenfolge.

Beispiel: *Der Briefträger überreicht **es** **der Frau/ihr**.*
Akk.-Obj. Dat.-Obj.

S 11 Das Adverbiale (Umstandsbestimmung, adverbiale Bestimmung)

- Mit **Adverbialien** kann man die **Umstände eines Geschehens (Zeit, Ort, Grund)** näher kennzeichnen. Adverbialien können auf unterschiedliche Weise gebildet werden, zum Beispiel:

- mit einem **Adverb**
  Beispiel: *Andreas steht **dort**.*

- mit einem **Adjektiv**
  Beispiel: *Karoline singt **laut**.*

- mit einer **Präposition**, **einem Nomen/Substantiv und weiteren Wortarten**
  Beispiel: ***Wegen des schlechten Wetters** bleiben wir **im Haus**.*

- mit einem **Gliedsatz** (s. S 33)
  Beispiel: *Monika freute sich, **weil sie drei Tore geschossen hatte**.*

S 12 Die unterschiedlichen Adverbialien

- **Lokaladverbiale – Umstandsbestimmung des Ortes und der Richtung**

  Frage: **Wo? Wohin? Woher?**
  Beispiel: ***Auf der Autobahn** ereignete sich ein Unfall.*

- **Temporaladverbiale – Umstandsbestimmung der Zeit**

  Frage: **Wann? Wie lange? Seit wann? Wie oft?**
  Beispiel: ***Am Donnerstag** feiere ich meinen Geburtstag.*

- **Modaladverbiale – Umstandsbestimmung der Art und Weise**

  Frage: **Wie? Auf welche Art und Weise?**
  Beispiel: *Der Fußballspieler trainiert **fleißig**.*

- **Instrumentaladverbiale – Umstandsbestimmung des Mittels**

  Frage: **Mit welchem Mittel? Womit?**
  Beispiel: *Er schlägt den Nagel **mit dem Hammer** in die Wand.*

- **Kausaladverbiale – Umstandsbestimmung des Grundes**

  Frage: **Warum? Weshalb?**
  Beispiel: ***Vor Freude** machte er einen Luftsprung.*

- **Weitere Adverbialien** antworten auf die Fragen:

  Frage: **Unter welcher Bedingung?** **(Konditionaladverbiale)**
  Beispiel: ***Ohne Fahrkarte** darf man nicht Zug fahren.*

  Frage: **Mit welcher Wirkung?** **(Konsekutivadverbiale)**
  Beispiel: *Er arbeitet **zu meiner Zufriedenheit**.*

Frage: **Zu welchem Zweck? (Finaladverbiale)**
Beispiel: *Ich gebe dir **zum Einkaufen** Geld.*

Frage: **Trotz welchen Umstandes? (Konzessivadverbiale)**
Beispiel: *__Trotz des Regens__ wandern wir.*

Frage: **Im Vergleich zu wem? Im Vergleich wozu? (Komparativadverbiale)**
Beispiel: *__Im Vergleich zu früher__ ist heute nicht alles besser.*

Frage: **Anstelle wessen? Anstatt wessen? (Adversativadverbiale)**
Beispiel: *__Anstatt einer Vogelspinne__ kaufte er sich eine Schlange.*

Das Adverbiale kann auch die Form eines Gliedsatzes/Nebensatzes haben. Man spricht dann vom Adverbialsatz (s. S. 33).

S 13 Das Attribut (Beifügung)

Attribute haben im Satz fast immer die Aufgabe, ein **Nomen/Substantiv** näher zu bestimmen.
Sie sind keine eigenständigen Satzglieder, weil sie nur zusammen mit ihrem **Bezugsnomen**[1] umgestellt werden können. Man nennt sie deshalb **Satzgliedteile**.

Attribute können jedes Satzglied erweitern, das aus einem Nomen/Substantiv gebildet wird.
Attribute stehen entweder **vor oder hinter ihrem Bezugsnomen**.
Man erfragt sie mit: **Was für einer? Was für eine? Was für ein?**

Beispiel:

*Ein **kleiner** Rauhaardackel*	*verfolgte*	*vorgestern*	*den Hausmeister **der Schule**.*
Attribut (Bezugsnomen)			(Bezugsnomen) Attribut
Subjekt	**Prädikat**	**Adverbiale**	**Akkusativobjekt**

Vorgestern	*verfolgte*	*ein **kleiner** Rauhaardackel*	*den Hausmeister **der Schule**.*
*Den Hausmeister **der Schule***	*verfolgte*	*vorgestern*	*ein **kleiner** Rauhaardackel.*

S 14 Die wichtigsten Attributarten

- **Das Adjektivattribut**
  Das Adjektivattribut steht fast immer vor dem Bezugsnomen. Es kann auch aus dem Partizip I oder II eines Verbs (s. W 04) gebildet werden.

  Beispiel: *Das **mutige** Mädchen klettert auf einen **hohen** Baum.*
  *Ich mag **spielende** Kinder.*
  *Ein Polizist hat den **gestohlenen** Schmuck im Stadtpark gefunden.*

[1] Man kann auch von einem „Bezugssubstantiv“ sprechen. Aus Gründen der besseren Lesbarkeit wird im Folgenden nur von „Bezugsnomen“ gesprochen.

- **Das Genitivattribut**
  Das Genitivattribut wird aus einem Nomen/Substantiv im Genitiv gebildet. Es steht meistens hinter dem Bezugsnomen.

  Beispiel: *Der Kopfball* ***des Mittelstürmers*** *knallte an die Torlatte.*

- **Das präpositionale Attribut**
  Das präpositionale Attribut steht hinter dem Bezugsnomen. Mit einer Präposition sind Bezugsnomen und Attribut verbunden.

  Beispiel: *Das Haus* ***an der Bergstraße*** *wird im August verkauft.*

- **Die Apposition**
  Die Apposition besteht aus einem nachgestellten Nomen/Substantiv, das den gleichen Kasus (Fall) wie das Bezugsnomen hat. Sehr oft wird es durch Kommas vom Bezugsnomen und dem übrigen Satz abgetrennt.
  Wenn die Apposition Teil eines Namens ist, fehlen die Kommas.

  Beispiel: *Lukas,* ***unser bester Spieler****, hat sich verletzt.*
  Karl ***der Große*** *wurde 800 zum Kaiser gekrönt.*

- **Das adverbiale Attribut**
  Das adverbiale Attribut besteht aus einem Adverb und steht fast immer hinter dem Bezugsnomen.

  Beispiel: *In dem Baum* ***dort*** *nistet ein Vogelpaar.*

- **Der Attributsatz** (s. S 32)
  Der Attributsatz ist ein Gliedsatz, der meistens durch ein Relativpronomen (s. W 54) eingeleitet wird.
  Dieses Relativpronomen verknüpft den Attributsatz mit einem Nomen (Bezugsnomen)/Substantiv aus dem Hauptsatz.

  Beispiel: *Die Turnschuhe,* ***die ich mir gerade erst gekauft hatte****, habe ich auf dem Sportplatz vergessen.*

  Auch diese Formen eines Attributsatzes sind möglich:

  Beispiel: Die Frage, ***ob er gelogen hat***, lässt sich nicht klar beantworten.
  Die Tatsache, ***dass er gestohlen hat***, macht mich traurig.

  Attribute können auch gebildet werden aus einem Numerale oder einem Pronomen.

  Beispiel: ***zwei*** *Sekunden,* ***hundert*** *Tage;* ***meine*** *Jacke,* ***unsere*** *Wohnung*

S 15 Satzglieder und Satzgliedteile im Überblick

An einem schönen Ferientag im August	*besuchen*	*Jannis und Jonas*	*ihre Oma.*
Adjektivattribut, Präp.-Attribut			
Temporaladverbiale	**Prädikat**	**Subjekt**	**Akkusativobjekt**

Im Garten	*spielen*	*sie*	*ausgelassen*	*mit ihrem neuen Lederfußball.*
				Adjektivattribut
Lokaladverbiale	**Prädikat**	**Subj.**	**Modaladverbiale**	**Instrumentaladverbiale**

Die Obstbäume, die auf dem Rasen stehen,	*sind*	*die Torpfosten.*
Attributsatz		
Subjekt	**Prädikat**	**Prädikativ**

Jonas	*schießt*	*aus Übermut*	*den Ball*	*über das Dach der Garage.*
				Genitivattribut
Subjekt	**Prädikat**	**Kausaladverbiale**	**Akk.-Obj.**	**Lokaladverbiale**

Am frühen Abend	*backt*	*ihnen*	*die Oma*	*leckere Kartoffelpuffer, ihre Spezialität.*
Adjektivattribut				Adjektivattribut, Apposition
Temporaladverbiale	**Prädikat**	**Dativobjekt**	**Subjekt**	**Akkusativobjekt**

S 16 Die unterschiedlichen Hauptsatzarten

Wenn man spricht, will man etwas Bestimmtes erreichen; man hat eine bestimmte **Sprechabsicht**. Die unterschiedlichen Sprechabsichten kann man unter drei Gesichtspunkten ordnen:

Man **teilt etwas mit**.
Man **fordert zu etwas auf**.
Man **fragt bzw. will etwas wissen**.

So ergeben sich die **drei Satzarten**, die auch am Satzschlusszeichen zu erkennen sind.

S 17 Der Aussagesatz

Sprechabsicht: mitteilen, erzählen, beschreiben, behaupten
Satzschlusszeichen: **Punkt**

Die konjugierte Verbform bildet im Aussagesatz das zweite Satzglied.

Beispiel: *Der Unterricht* ***beginnt*** *um 8.00 Uhr.*
Es ***war*** *einmal ein König.*
Der Tisch ***ist*** *rund.*
Das Auto ***ist*** *zu schnell gefahren.*

S 18 Der Aufforderungssatz

Sprechabsicht: auffordern, befehlen, bitten, wünschen
Satzschlusszeichen: **Ausrufezeichen**

Im Aufforderungssatz steht die Verbform an erster Stelle.

Beispiel: ***Komm*** *zu mir!*
Seid *nicht so laut!*

Anstelle des Ausrufezeichens steht am Ende eines Aufforderungssatzes ein Punkt, wenn die Aufforderung ohne Nachdruck gesprochen wird.

Beispiel: ***Reich*** *mir bitte den Brotaufstrich.*

S 19 Der Fragesatz

Sprechabsicht: fragen, etwas erfahren/wissen wollen
Satzschlusszeichen: **Fragezeichen**

a) **Entscheidungsfrage** (Antwort: ja/nein/vielleicht)
Die konjugierte Verbform steht an erster Stelle.

Beispiel: ***Spielst*** *du mit mir?*

b) **Ergänzungsfrage** (mit Fragewort)
Die konjugierte Form des Verbs steht an zweiter Stelle.

Beispiel: *Warum* ***spielst*** *du nicht mit mir?*

S 20 Satzart und Sprechabsicht

Satzart und Sprechabsicht müssen nicht immer übereinstimmen. So kann man zum Beispiel mit einem Satz, der wie ein Fragesatz gebaut ist, zu etwas auffordern. Das Satzzeichen richtet sich dann nach der Sprechabsicht.

Beispiel: ***Kommst*** *du jetzt endlich ins Haus!*

Mit einem Satz, der wie ein Aussagesatz gebaut ist, kann man ebenfalls zu etwas auffordern. Dazu gehören auch Sätze, deren Prädikat aus einem Modalverb (s. W 03) besteht.

Beispiel: *Du* ***hast*** *schon wieder die Haustür nicht abgeschlossen!*
Ihr ***müsst*** *unbedingt vorsichtiger fahren!*

S 21 Die Satzreihe

Vollständige Hauptsätze, die durch eine nebenordnende Konjunktion (Bindewort, s. W 79) miteinander verbunden sind oder durch ein Komma oder ein Semikolon getrennt werden, bilden eine **Satzreihe**. Man spricht auch von einer Satzverbindung.

Beispiel: *Draußen regnet es, deshalb bleiben wir im Haus.*
Marie liest ein Buch, ihr Bruder geht ins Kino(,) und ihr Freund spielt Fußball.
Ich würde dich gern besuchen; doch ich habe keine Zeit.

S 22 Die unterschiedlichen Gliedsätze/Nebensätze – das Satzgefüge

Satzgefüge bestehen aus der **Verknüpfung eines Hauptsatzes mit einem oder mehreren Gliedsätzen**, die mit ihren Aussagen den Inhalt des Hauptsatzes ergänzen. Man spricht auch von **Nebensätzen**, weil Gliedsätze grammatisch vom Hauptsatz abhängen. Sie können nicht allein stehen.
Gliedsätze/Nebensätze erkennt man daran, dass sie durch bestimmte Wortarten (unterordnende Konjunktion, Relativpronomen, Relativadverb ...) eingeleitet werden und die konjugierte Verbform am Satzende steht.

Beispiel: *Nachdem der Unterricht beendet war, gingen wir nach Hause.*
Gliedsatz — Hauptsatz

Das Auto, das in der Garage steht, gehört meinem Vater.
Hauptsatz — Gliedsatz — Hauptsatz

Sie fragte ihre Freundin, *wann der Bus abfahre.*
Hauptsatz — Gliedsatz

Man kann die Gliedsätze unter drei verschiedenen Gesichtspunkten betrachten:

- **nach ihrer Stellung zum Hauptsatz** (S 23)
- **nach ihrer Form und dem einleitenden Wort** (S 24)
- **nach ihrer grammatischen und inhaltlichen Leistung** (S 29)

S 23 Die Stellung des Gliedsatzes/Nebensatzes zum Hauptsatz

Der Gliedsatz/Nebensatz kann dem Hauptsatz vorausgehen, in den Hauptsatz eingeschoben sein oder ihm folgen.
Der Gliedsatz/Nebensatz ist also entweder **Vordersatz, Zwischensatz oder Nachsatz**.

Beispiel: *Wenn ich regelmäßig trainiere, werde ich den Wettkampf bestimmt gewinnen.*
Gliedsatz (Vordersatz) — Hauptsatz

Ich werde den Wettkampf, wenn ich regelmäßig trainiere, bestimmt gewinnen.
Hauptsatz — Gliedsatz (Zwischensatz) — Hauptsatz

Ich werde den Wettkampf bestimmt gewinnen, wenn ich regelmäßig trainiere.
Hauptsatz — Gliedsatz (Nachsatz)

S 24 Die unterschiedliche Form der Gliedsätze/Nebensätze

In der Regel werden Gliedsätze/Nebensätze durch ein kennzeichnendes Wort eingeleitet. Nur bei verkürzten Gliedsätzen/Nebensätzen (s. S 28) fehlt ein Einleitungswort.
Je nach Einleitungswort unterscheidet man:

S 25 Konjunktionalsatz

Konjunktionalsätze werden durch eine **unterordnende Konjunktion** (s. W 80) eingeleitet.
Unterordnende Konjunktionen sind zum Beispiel: als, nachdem, weil, damit, obgleich, indem.

Beispiel: *Jule fährt regelmäßig mit dem Fahrrad,* ***damit*** *sie gesund bleibt.*

S 26 Relativsatz

Relativsätze werden durch ein **Relativpronomen** (der, die, das, welcher, welche, welches, wer, was; s. W 54) oder **Relativadverb** (wo, wohin, woher, worüber; s. W 74) eingeleitet. Vor dem Relativpronomen kann auch eine Präposition stehen.

Beispiel: *Das Auto,* ***das*** *Maria gesehen hat, hatte kein Nummernschild.*
Das Problem, ***worüber*** *ich mit dir sprechen möchte, ist nicht neu.*
Die Höhle, ***in die*** *wir geklettert sind, war sehr feucht.*

S 27 Interrogativsatz

Interrogativsätze werden durch ein **Interrogativpronomen** (wer, was, wem, welcher ...; s. W 60) oder **Interrogativadverb** (wann, wo, warum, wie ...; s. W 75) eingeleitet.

Beispiel: *Er fragt sich,* ***wem*** *er das Geschenk zu verdanken hat.*
Ich frage mich, ***warum*** *du erst jetzt kommst.*

Zu den Interrogativsätzen gehören auch solche Sätze, die durch **„ob"** eingeleitet werden.

Beispiel: *Sie fragte ihre Freundin,* ***ob*** *sie zum Spielen komme.*

Interrogativsätze sind **indirekte Fragesätze**, die sich leicht in direkte Fragesätze umformen lassen.

Beispiel: *Er fragt sich: „Wem habe ich das Geschenk zu verdanken?“* (Ergänzungsfrage, s. S 19)
Ich frage mich: „Warum kommst du erst jetzt?“(Ergänzungsfrage, s. S 19)
Sie fragte ihre Freundin: „Kommst du zum Spielen?“ (Entscheidungsfrage, s. S 19)

S 28 Verkürzter Gliedsatz

Zu den verkürzten Gliedsätzen/Nebensätzen gehören der **Infinitivsatz**, der auch **Infinitvgruppe** genannt wird (s. Z 02), und der **Partizipialsatz**. Im Gegensatz zu den grammatisch vollständigen Gliedsätzen haben sie kein Subjekt und keine konjugierte Verbform.

Beispiel: *Er beabsichtigt(,)* ***das Auto zu kaufen.***
(Infinitivsatz/Infinitivgruppe)
Lustig vor sich hinpfeifend*(,) wanderte Anna durch den Wald.*
(Partizipialsatz mit Partizip I)
Am Bahnhof angekommen*(,) nahmen wir uns sofort ein Taxi.*
(Partizipialsatz mit Partizip II)

S 29 Gliedsätze/Nebensätze und ihre grammatische und inhaltliche Leistung

Die wichtigste Einteilung der Gliedsätze/Nebensätze ist die unter dem Gesichtspunkt der **grammatischen und inhaltlichen Leistung**.
Gliedsätze/Nebensätze nehmen nämlich die Rolle eines Satzgliedes ein. Anders ausgedrückt: Aus einfachen Satzgliedern werden Gliedsätze/Nebensätze, welche die Aufgabe der Satzglieder übernehmen.
Man erfragt sie mit denselben Fragen wie die Satzglieder (Wer oder was? Wen oder was? Wann? Warum? ...). Im Einzelnen unterscheidet man:

S 30 Subjektsatz

Der **Subjektsatz** ist ein Gliedsatz in der **Rolle des Subjekts**.

Beispiel: ***Dein Reden*** *ist nutzlos.*
Dass du redest*, ist nutzlos.*

S 31 Objektsatz

Der **Objektsatz** ist ein Gliedsatz in der **Rolle eines Objekts**. Häufig vertritt er ein Akkusativobjekt.

Beispiel: *Der Schüler meldete **einen Unfall**.*
*Der Schüler meldete, **dass sich ein Unfall ereignet habe**.*

Beispiel: *Sie fragte ihre Freundin **nach der Abfahrt des Busses**.*
*Sie fragte ihre Freundin, **wann der Bus abfahre**.*

S 32 Attributsatz

Der **Attributsatz** übernimmt die **Aufgabe eines Attributs**. Er bezieht sich auf ein Nomen/Substantiv oder Pronomen des Hauptsatzes und kennzeichnet dieses näher. Die meisten Attributsätze werden durch ein **Relativpronomen** eingeleitet und zählen somit zu den **Relativsätzen**.

Beispiel: *Das Auto **in der Garage** gehört meinem Vater.*
*Das Auto, **das in der Garage steht**, gehört meinem Vater.*

S 33 Adverbialsatz

Adverbialsätze übernehmen die **Aufgabe von Adverbialien**. Sie kennzeichnen die Umstände des Geschehens näher.
Adverbialsätze werden durch eine **Konjunktion** eingeleitet. Der Form nach sind es also **Konjunktionalsätze**.
Wegen ihrer unterschiedlichen Bedeutung unterscheidet man entsprechend den verschiedenen Adverbialien (s. S 12) auch die Adverbialsätze. Die Tabelle gibt einen Überblick:

Adverbialsatz	Aussage über	Konjunktion	Beispiel
Temporalsatz	Zeitpunkt, Zeitdauer	als; nachdem; bevor; wenn; während; sobald	*Nachdem wir gespielt hatten, begann es zu regnen.*
Kausalsatz	Ursache, Begründung	weil; da	*Weil es regnete, konnten wir nicht spielen.*
Konditionalsatz	Bedingung, Voraussetzung	wenn; falls; sofern	*Falls der Regen noch in dieser Stunde aufhört, setzen wir das Spiel fort.*
Konsekutivsatz	Folge	sodass/so dass; dass; so ..., dass	*Er lief so schnell, dass er nicht mehr abbremsen konnte.*

Adverbialsatz	Aussage über	Konjunktion	Beispiel
Finalsatz	Absicht, Zweck	damit; dass; auf dass	*Vor dem Spiel wärmen wir uns auf, damit wir uns nicht verletzen.*
Konzessivsatz	Einräumung; Grund, der nicht zählt	obgleich; obwohl	*Obwohl es regnete, spielten wir draußen.*
Modalsatz	Art und Weise	indem; dadurch, dass	*Dadurch, dass er fleißig trainierte, wurde er ein guter Spieler.*
Adversativsatz	Gegenteil	während; anstatt dass	*Jonas spielte im Garten, während er eigentlich seine Hausaufgaben machen sollte.*
Komparativsatz	Vergleich	als; wie; als ob; als wenn	*Er sieht aus, als ob er in eine Zitrone gebissen hätte.*

Der **Lokalsatz** (Aussage über den Ort des Geschehens), entstanden aus dem Lokaladverbiale, wird ebenfalls zu den Adverbialsätzen gezählt. Dem einleitenden Wort nach ist er jedoch kein Konjunktionalsatz. Er zählt zu den Relativsätzen.

Beispiel: *Wir spielen dort, wo wir gestern bereits gespielt haben.*

Rechtschreibung im Überblick

Im Folgenden werden ausgewählte Regeln der Rechtschreibung aufgeführt und mit Beispielen erläutert. Die Darstellung ist nicht auf Vollständigkeit angelegt, sondern es sind die Bereiche genannt, die im alltäglichen Schreibgebrauch eine besondere Rolle spielen. Im Zweifelsfall sollte ein Wörterbuch herangezogen werden.

R 01 Kurze Vokale – Schärfung

Folgen nach einem kurzen, betonten Vokal zwei oder mehr verschiedene Konsonanten, wird meist keiner verdoppelt. Man spricht hier von Konsonantenhäufung.	• Hund, Wald, rund, wandern, kündigen, klatschen
Folgt nach einem kurzen, betonten Vokal nur ein Konsonant, wird dieser fast immer verdoppelt. Hier spricht man von Konsonantenverdopplung.	• Himmel, Tonne, hell, kommen, fallen, nummerieren
Die Laute k und z werden in deutschen Wörtern nicht verdoppelt. Nach kurzem, betontem Vokal steht fast immer ck und tz.	• Bäcker, eckig, zucken • Tatze, Ritze, kitzeln
Nach den Konsonanten l, n und r stehen nie tz und ck. Hier gibt es einen Merkvers: Nach l, n, r, das merke ja, steht nie tz und nie ck!	• Walze, Arzt, ganz, tanzen • Balken, Schrank, stark, tanken
Ausnahmen:	
In einigen Fremdwörtern werden die Laute k und z verdoppelt.	• Pizza, Skizze, Razzia • Akku, Mokka, Trekking
In vielen Wörtern mit einem k-Laut, die einer fremden Sprache entstammen, steht nach einem kurzen Vokal ein einfaches k.	• Artikel, Direktor, Oktober, Spektakel, Elektriker, Tabak, Insekt

Einige einsilbige Wörter und ein paar mehrsilbige Wörter aus anderen Sprachen enthalten trotz kurzen, betonten Vokals keinen doppelten Konsonanten.	• bis, um, man, an, er hat, ich bin, es, in, das, des, was • Hotel, Kamera, Roboter, April, Ananas

R 02 Lange Vokale und Diphthonge – Dehnung

Viele Wörter mit einem langen, betonten Vokal werden ohne Dehnungszeichen, also mit einfachem Vokal geschrieben.	• Tat, Dose, Esel, Stufe, sagen, wo
Ein langer, betonter Vokal wird in manchen Wörtern mit einem Dehnungs-h gekennzeichnet. Das Dehnungs-h wird oft geschrieben, wenn ein l, m, n oder r folgt.	• Wohnung, Zahl, zahm, rühren, ohne
In einigen Wörtern wird der lange, betonte Vokal verdoppelt. Der Vokal u, die Umlaute (ä, ö, ü) und Diphthonge (au, äu, eu, ei, ai) werden immer nur einfach geschrieben, also nicht verdoppelt.	• Waage, Aal, Tee, Speer, Moos, Zoo
Die Wortbausteine ur-, -tum, -sam, -bar, -sal werden immer ohne Dehnungszeichen, also einfach geschrieben.	• Urgroßvater, Reichtum, einsam, wunderbar, Schicksal

R 03 Der lang ausgesprochene i-Laut

Der lang ausgesprochene i-Laut wird häufig ie geschrieben.	• Riese, Sieb, Wiese, liegen, er rief, ziemlich, viel
Vor allem in Wörtern aus anderen Sprachen wird der lang ausgesprochene i-Laut manchmal mit einfachem i geschrieben.	• Maschine, Primel, Vitamine, Medizin, Vampir, Apfelsine
In wenigen Wörtern wird der lang ausgesprochene i-Laut ih oder ieh geschrieben.	• ihr, ihm, ihnen, ihre • Vieh, es zieht (zie-hen), sie sieht (se-hen)

R 04 Der Umlaut ä und die Doppellaute äu und eu

Den Umlaut ä schreibt man in der Regel, wenn es Wortverwandte mit a gibt.	• er fällt – fallen, prächtig – Pracht, erklären – klar, wärmen – warm
Einige Wörter mit dem Umlaut ä lassen sich nicht durch verwandte Wörter erklären. Man muss sie sich einprägen.	• Bär, sägen, schräg, grässlich, vorwärts, rückwärts, Geländer
Den Doppellaut/Zwielaut (Diphthong) äu schreibt man, wenn es Wortverwandte mit au gibt.	• träumen – Traum, er läuft – laufen, Bäume – Baum, sich schnäuzen – Schnauze
Einige Wörter mit äu lassen sich nicht durch verwandte Wörter erklären. Man muss sie sich ebenfalls einprägen.	• sich sträuben, sich räuspern, Säule, Knäuel
Alle anderen Wörter mit diesem Laut, zu denen es keine Wortverwandten mit au gibt, werden mit eu geschrieben.	• Efeu, Keule, leugnen, deuten, heute

R 05 s-Laute

s	
Der stimmhafte, gesummte s-Laut wird mit einfachem s geschrieben.	• Hose, Rasen, lesen, dösen, glasig
Der stimmlose, gezischte s-Laut wird mit einfachem s geschrieben, wenn es verwandte Wörter mit s gibt.	• Los – Lose, Gras – Gräser, Moos – moosig, sie liest – lesen, er niest – niesen
In Konsonantenverbindungen wie sk, st oder sp wird der s-Laut mit einfachem s geschrieben.	• Muskel, Taste, raspeln
Wörter mit den Endungen -nis, -is, -as, -us werden im Singular (Einzahl) immer mit einfachem s geschrieben. Im Plural (Mehrzahl) steht allerdings ss, wenn der s-Laut bei der Pluralbildung erhalten bleibt.	• das Geheimnis – die Geheimnisse der Kürbis – die Kürbisse der Atlas – die Atlanten/Atlasse der Globus – die Globusse/Globen
ss	
Nach kurzem, betontem Vokal wird der stimmlose s-Laut meist ss geschrieben.	• Tasse, Fluss, essen, er isst, gefasst

ß	
Nach langem, betontem Vokal oder Doppellaut/Zwielaut (Diphthong) wird der stimmlose s-Laut ß geschrieben, wenn es keine verwandten Wörter mit s gibt.	• Grü**ß**e, So**ß**e, gro**ß**, au**ß**en, wei**ß**, flie**ß**en, sie gie**ß**t
das	
Der *Artikel* und das *Pronomen das* werden mit einfachem s geschrieben. Hier kann man *jenes, dieses, welches* einsetzen.	• **das** Auto • Sie will **das**. • Das Haus, **das** hier stand, wurde abgerissen.
dass	
Die Konjunktionen dass oder sodass (auch: *so dass*) werden mit ss geschrieben.	• Ich weiß, da**ss** es geht.

R 06 Gleich und ähnlich klingende Konsonanten

1. die Konsonanten b – p; g – k; -ig, -lich, -isch Diese Laute klingen im Wortinnern oder am Wortende häufig gleich oder ähnlich. Hier hilft die Verlängerung des Wortes, um die Schreibweise herauszubekommen.	• er blei**b**t – blei**b**en sie hu**p**t – hu**p**en • jun**g** – jün**g**er kran**k** – erkran**k**en • ri**chtig** – richt**ig**e Antworten herbst**lich** – herbst**lich**e Stimmung dieb**isch** – dieb**isch**e Elster
2. die Wortbausteine end- und ent- Hier muss unterschieden werden, ob der Wortbaustein betont ist und sich auf das Nomen/Substantiv „Ende" bezieht oder ob es sich um die unbetonte Vorsilbe *ent-* handelt.	• der **End**lauf (der Lauf am Ende des Wettkampfes) **end**los (ohne Ende) • sich **ent**schuldigen (unbetonte Vorsilbe) der **Ent**wurf (unbetonte Vorsilbe)
3. die Wörter und Wortbausteine Stadt/stadt und Statt/statt Hier kommt es darauf an, die jeweilige Bedeutung zu unterscheiden. Mit dem Wort Stadt ist ein größerer Ort gemeint. Das Wort *Statt/Stätte* meint meistens eine Stelle oder einen Platz.	• die Kreisstadt – die Kreisstädte städtisch stadtbekannt • die Ruhestatt die Gaststätte anstatt stattfinden

4. die Wörter tot und Tod	
Das Adjektiv tot wird immer mit t geschrieben, das Nomen/Substantiv mit d.	• der Tod • er ist tot
Zusammengesetzte Verben und daraus gebildete Partizipien werden meist mit tot- gebildet.	• totschlagen, sich totärgern, totgesagt
Zusammengesetzte Adjektive werden meist mit tod- gebildet, wenn dieser Bestandteil vorn steht.	• todunglücklich, todmüde, todsicher

R 07 Groß- und Kleinschreibung

Großschreibung	
Das erste Wort eines Ganzsatzes, der wörtlichen Rede oder einer Überschrift wird großgeschrieben.	• **A**m Himmel fliegt ein Ballon. • Paul sagt: „**I**ch komme nicht." • **S**chiff im Orkan gesunken
Nomen/Substantive und einfache Eigennamen werden großgeschrieben.	• der **H**immel, die **S**onne, das **G**eld, die **V**orstellung, der **V**erein, die **T**reue, **M**aike, **L**ukas, **P**aris, **G**riechenland
Verben, Adjektive und andere Wortarten, die zu Nomen/Substantiven werden, werden großgeschrieben.	• Am Beckenrad ist das **L**aufen verboten und im **Ü**brigen auch sehr gefährlich. • Das Mädchen erlebte etwas **S**chönes. • Mich interessiert das **H**ier und **J**etzt, nicht die Zukunft.
Superlative (s. W 43), nach denen mit „Woran?" („An was?") oder „Worauf?" („Auf was?") gefragt werden kann, schreibt man groß.	• Es fehlt uns am **N**ötigsten/an dem **N**ötigsten.
Die höflichen Anredepronomen *Sie* und das entsprechende Possessivpronomen *Ihr* werden in allen Formen großgeschrieben.	• Wir teilen **I**hnen mit, dass **S**ie die Stelle als Auszubildende erhalten werden. Holen **S**ie bitte **I**hren Vertrag ab.
In Briefen können die persönlichen Anredepronomen *du* und *ihr* und die Possessivpronomen *dein* und *euer* großgeschrieben werden.	• Liebe Esra, **d**/**D**u schreibst in **d**/**D**einem letzten Brief, dass ...

Mit Ausnahme von Artikeln, Präpositionen und Konjunktionen im Innern des Ausdrucks werden alle Bestandteile mehrteiliger Eigennamen großgeschrieben.	• **J**ohann **W**olfgang von **G**oethe • **W**alther von der **V**ogelweide • der **H**eilige **V**ater • **E**uropäischer **G**erichtshof • **A**tlantischer **O**zean
Herkunfts- und Ortsbezeichnungen auf -er werden großgeschrieben.	• **B**ielefelder Rathaus • **F**uldaer Dom • **H**amburger Fischmarkt
Zeitangaben in der Form eines Nomens/ Substantivs schreibt man immer groß.	• am **A**bend • der **F**reitagmorgen • an jenem **D**ienstag • heute **M**orgen
Das Wort *Mal* wird großgeschrieben, wenn es als Nomen/Substantiv gebraucht wird.	• dieses eine **M**al • ein letztes **M**al • zum zehnten **M**al
Kleinschreibung	
Außer den Nomen/Substantiven werden alle Wortarten kleingeschrieben.	• **g**ehen, **t**rinken, **s**ein • **g**ut, **h**och, **k**lein • **o**ben, **u**nten • **a**ls, **w**eil, **o**bwohl
Substantivierte/nominalisierte Adjektive, die sich auf ein vorhergehendes Nomen/ Substantiv beziehen, werden kleingeschrieben.	• Im Zoo sah ich viele **Tiere**, die **w**ilden faszinierten mich besonders.
In Verbindung mit den Verben *sein, werden* und *bleiben* schreibt man die Wörter *schuld, pleite, bange, leid, gram* und *angst* klein.	• Die Firma ist **p**leite. • Ihm wurde **a**ngst und **b**ange. • Du bist auf keinen Fall daran **s**chuld.
Die nebenstehenden Zahlwörter und Mengenangaben schreibt man in der Regel klein.	• viel, das viele, wenig, das wenige, das meiste, (der, die, das) eine, (der, die, das) andere, zum einen, zum anderen
Die unbestimmten Zahlwörter *ein bisschen und ein paar (einige)* werden kleingeschrieben. Das gilt auch für den Ausdruck *beide, die beiden.*	• Darf es ein **b**isschen mehr sein? • Willst du die **b**eiden einmal kennenlernen?
Bruchzahlen auf *-tel* und *-stel*, die direkt vor Maßangaben oder Zahlen stehen, werden kleingeschrieben.	• Eine **h**undertstel Sekunde (auch: eine Hundertstelsekunde)
Orts- und Herkunftsbezeichnungen auf -isch werden kleingeschrieben, wenn sie nicht Bestandteil eines Eigennamens sind.	• Die **h**olländische Nordseeküste ist sehr beliebt. • Zu einem **c**hinesischen Essen gehört fast immer Reis.

Adjektive auf *-isch* bzw. *-sch*, die von Personennamen abgeleitet werden, werden ebenfalls kleingeschrieben.	• die brechtschen Dramen (auch: die Brecht'schen Dramen)
Zeitangaben in der Form eines Adverbs schreibt man klein.	• Jonas geht **m**orgens fast immer zum Frühschwimmen. • Die Innenstadt ist **f**reitagmittags ziemlich voll.
Wörter mit dem Wortbaustein *-mal* werden kleingeschrieben, wenn es Adverbien sind.	• Er hat beim Weitsprung **d**reimal übergetreten (bei besonderer Betonung auch: drei **M**al). • das solltest du **n**iemals vergessen.
Die persönlichen Anredepronomen *du* und *ihr* und die Possesivpronomen *dein* und *euer* werden in der Regel kleingeschrieben.	• Leihst **du** mir bitte **dein** Fahrrad?
Manche Verben sind mit ursprünglichen Nomen/Substantiven, die ihre eigenständige Bedeutung verloren haben, zusammengesetzt. Wird solch ein Ausdruck im Satzzusammenhang getrennt, werden die ursprünglichen Nomen/Substantive kleingeschrieben.	• leidtun: Es tut mit **l**eid. • teilnehmen: Sie nimmt **t**eil.
Präpositionen (Verhältniswörter) wie *dank, kraft, trotz, seitens, zeit (seines Lebens)* werden kleingeschrieben.	• Er ist **d**ank seiner Ausdauer gut ins Ziel gekommen.
Einige feste Verbindungen aus einer Präposition und einem nicht gebeugten (nicht deklinierten) Adjektiv ohne vorangehendem Artikel schreibt man klein.	• über **k**urz oder **l**ang • durch **d**ick und **d**ünn • von **f**ern
Groß- oder kleingeschrieben	
Die Wörter recht/Recht und unrecht/Unrecht können in Verbindung mit Verben wie *behalten, bekommen, geben, haben, tun* klein- oder großgeschrieben werden.	• Du hast mir **u**/**U**nrecht getan.
Ausdrücke, die die Aufgabe einer Präposition haben und mit einem Nomen/Substantiv verbunden sind, können häufig getrennt oder zusammengeschrieben werden. Bei der Getrenntschreibung wird das Nomen/Substantiv großgeschrieben.	• anstelle/an Stelle, aufgrund/auf Grund, aufseiten/auf Seiten, mithilfe/mit Hilfe, vonseiten/von Seiten, zugunsten/zu Gunsten, zulasten/zu Lasten, zuungunsten/zu Ungunsten (aber: infolge von)

Einige Verbindungen mit einem Nomen/ Substantiv können getrennt oder zusammengeschrieben werden. Bei Getrenntschreibung wird das Nomen/ Substantiv großgeschrieben.	• außerstande sein/außer Stande sein, infrage stellen/in Frage stellen, zugrunde gehen/zu Grunde gehen, zuhause bleiben/zu Hause bleiben, zuleide tun/zu Leide tun, zumute sein/zu Mute sein ...
Ausdrücke, die die Aufgabe einer adverbialen Bestimmung übernehmen und mit *aufs* oder *auf das* eingeleitet werden, können groß- oder kleingeschrieben werden. Diese Ausdrücke, die eine Höchststufe beinhalten, erfragt man mit „Wie?".	• aufs **s**chärfste/aufs **S**chärfste
Feste Verbindungen aus einer Präposition und einem gebeugten (deklinierten) Adjektiv ohne vorangehenden Artikel kann man groß- oder kleinschreiben.	• von **n**euem/von **N**euem • von **w**eitem/von **W**eitem • bis auf **w**eiteres/bis auf **W**eiteres • ohne **w**eiteres/ohne **W**eiteres • seit **l**ängerem/seit **L**ängerem
Die nebenstehenden Zahlwörter und Mengenangaben werden in der Regel kleingeschrieben. Sie können auch großgeschrieben werden, wenn die Schreiberin/der Schreiber den substantivischen Charakter betonen möchte.	• **v**iel, das **v**iele, **w**enig, das **w**enige, das **m**eiste (der, die, das) **e**ine, (der, die, das) **a**ndere • Die **E**inen meinen dies, die **A**nderen das. • Die **M**eisten waren seiner Meinung.
Die Wörter *„hundert"*, *„tausend"* oder *„Dutzend"* können klein- oder großgeschrieben werden, wenn mit ihnen unbestimmte Mengen bezeichnet werden.	• Um ihn herum standen **h**underte/ **H**underte Fans. • Aber: Genau **h**undert Personen befanden sich auf dem Platz.

R 08 Getrennt- und Zusammenschreibung

Bei der Getrennt- und Zusammenschreibung muss man **Wortgruppen** von **Zusammensetzungen** unterscheiden. Wortgruppen werden getrennt geschrieben, Zusammensetzungen zusammen. Welche Wörter, die in einem Satz nebeneinanderstehen, eine Wortgruppe bilden und welche eine Zusammensetzung, ergibt sich häufig erst aus dem Satzzusammenhang.

Wortgruppe: Oft liegt bei einer Wortgruppe die Betonung auf allen Wortbestandteilen.	Du kannst **zu jeder Zeit** kommen. Nach der Operation kann er **wieder sehen**.

Zusammensetzung: Bei einer Zusammensetzung liegt die Betonung oft auf dem ersten Wortbestandteil.	Du kannst **jederzeit** kommen. Ich möchte sie gern **wiedersehen**.
Verbindungen mit einem Verb als zweitem Bestandteil	
Verbindungen mit einem Verb werden zusammengeschrieben, wenn die Reihenfolge der Bestandteile in allen gebeugten Formen gleich bleibt (untrennbare Verbindungen).	• hintergehen, ich hintergehe, ich wurde hintergangen • schlussfolgern, ich schlussfolgere, ich habe geschlussfolgert • weitere untrennbare Verbindungen: handhaben, lobpreisen, maßregeln, nachtwandeln, schlafwandeln
Verben können mit anderen Wortarten (Partikeln, Adjektive, Nomen/Substantive) Verbindungen eingehen, die nur im Infinitiv, im Partizip und bei Endstellung im Satz zusammengeschrieben werden (trennbare Verbindungen).	• herabsteigen, herabsteigend, herabgestiegen; ich möchte nicht, dass ihr jetzt schon herabsteigt
Häufig sind es ehemalige Präpositionen oder Adverbien, die mit Verben eine solche trennbare Verbindung bilden können: *an-, auf-, auseinander-, vorwärts-, zurück-* ... Bei diesen Verbindungen liegt die Wortbetonung auf dem ersten Bestandteil.	• **an**kommen, **auf**steigen, **zurück**laufen, **auseinander**gehen, **vorwärts**fahren
In einigen Fällen liegt bei einer Verbindung aus einer Präposition oder einem Adverb und einem Verb die Betonung deutlich auf dem zweiten Bestandteil. Auch hier wird zusammengeschrieben.	• eine Regel **durchbrechen**, jemandem **widersprechen**, die Umleitung **umfahren**, einen Text **übersetzen**, etwas Böses **unterstellen** ...
Verbindungen aus einem Verb und einem vorangestellten Adjektiv werden zusammengeschrieben, wenn bei dieser Verbindung eine neue Bedeutung entsteht.	• den Angeklagten **freisprechen**, sich **kranklachen**, etwas **richtigstellen**, den Papst **heiligsprechen**, **schwerfallen**, etwas **kürzertreten** ...
Verbindungen aus einem Verb und einem vorangestellten einfachen Adjektiv können sowohl zusammen als auch getrennt geschrieben werden, wenn das Adjektiv ein Ergebnis des im Verb ausgedrückten Vorgangs bezeichnet.	• leer essen/leeressen, kaputt machen/kaputtmachen, klein schneiden/kleinschneiden, fett drucken/fettdrucken ...
Verbindungen aus einem Nomen/Substantiv und einem Verb werden in der Regel getrennt geschrieben.	• Ski laufen, Rad fahren, Urlaub machen, Silben trennen

Verbindungen aus einem Nomen/Substantiv und einem Verb können getrennt oder zusammengeschrieben werden, wenn sie wie ein Adjektiv gebraucht werden.	• die **Rad fahrende** Bevölkerung/die **radfahrende** Bevölkerung • Dieser Stoff ist **Krebs erzeugend/krebserzeugend**.
Verbindungen aus einem ehemaligen Nomen/Substantiv und einem Verb werden zusammengeschrieben, wenn das Nomen/Substantiv seine eigenständige Bedeutung verloren hat.	• eislaufen, kopfstehen, leidtun, heimkehren, nottun, standhalten, stattfinden, teilhaben, teilnehmen ... • Wenn es dir **leidtut**, dann entschuldige dich. *aber* Er hat ihm **großes Leid angetan**.
In einigen Fällen ist es freigestellt, ob Verbindungen aus einem Nomen/Substantiv und einem Verb getrennt oder zusammengeschrieben werden.	• Acht geben/achtgeben, Halt machen/haltmachen, Maß halten, maßhalten, Staub saugen/staubsaugen
Verbindungen aus zwei Verben werden in der Regel getrennt geschrieben.	• laufen lernen, schwimmen gehen, auf einer Bank sitzen bleiben
Zusammenschreibung von zwei Verben ist dann möglich, wenn der zweite Bestandteil aus den Verben *bleiben* und *lassen* besteht und eine übertragene, neue Bedeutung entsteht. Auch die Schreibweise von kennen lernen/kennenlernen ist freigestellt.	• in der Schule sitzen bleiben/sitzenbleiben, jemanden links liegen lassen/liegenlassen • Im Urlaub habe ich einen Olympiasieger kennen gelernt/kennengelernt.
Verbindungen mit dem Hilfsverb *sein* werden in allen Formen getrennt geschrieben.	• Morgen um diese Zeit will ich wieder **zurück sein**. • Er ist bereits **da gewesen**.
Verbindungen mit einem Adjektiv oder Partizip als zweitem Bestandteil	
Kann der erste Bestandteil einer Verbindung mit einem Adjektiv oder Partizip durch eine Wortgruppe umschrieben werden, wird zusammengeschrieben.	• Der Staub lag **fingerdick** (einen Finger dick) auf dem Regal. • Maja ist ein **sportbegeistertes** (vom Sport begeistertes) Mädchen. • knielang, jahrelang, freudestrahlend, redegewandt, denkfaul ...
Kann ein Bestandteil einer Verbindung mit einem Adjektiv oder Partizip nicht allein stehen, wird zusammengeschrieben.	• blauäugig, schwerstbehindert, letztmalig, großspurig, kleinmütig • ein **schwerwiegenderer** Vorwurf, die **zeitsparendste** Lösung
Partizipien, die aus zusammengesetzten Verben gebildet werden, werden zusammengeschrieben.	• Lukas zog **schlafwandelnd** (schlafwandeln) durch die Jugendherberge. • Heute haben wir viel **ferngesehen** (fernsehen).

Verbindungen aus gleichrangigen Adjektiven werden zusammengeschrieben.	• Bei **nasskaltem** Wetter sollte man zu Hause/zuhause bleiben. • Die Bodenfliese hat einen **gelbgrünen** Farbton.
Ist der erste Bestandteil einer Verbindung mit einem Adjektiv bedeutungsverstärkend oder -abschwächend, wird zusammengeschrieben.	• Die Mittelstürmerin ist heute wieder **superbeweglich** und **brandgefährlich**. • bitterböse, dunkelgrau, erzkonservativ, lauwarm, stocksauer, supermüde, todtraurig, uralt ...
In einigen Fällen kann eine Verbindung mit einem Partizip sowohl als Zusammensetzung als auch als Wortgruppe angesehen werden. Hier ist die Schreibweise freigestellt. Dieses ist vor allem dann der Fall, wenn die Verbindung adjektivisch (z. B. als Attribut) gebraucht wird.	• die Bus fahrenden/busfahrenden Schüler • eine allein erziehende/alleinerziehende Mutter • eine klein geschnittene/kleingeschnittene Möhre • ein selbst gebackener/selbstgebackener Kuchen
Freigestellt ist die Schreibweise in einigen Fällen auch, wenn dem Partizip (oder Adjektiv) ein einfaches Adjektiv vorangestellt ist, das die Bedeutung verstärkt oder abschwächt (abstuft).	• eine allgemein gültige/allgemeingültige Aussage • eine schwer verständliche/schwerverständliche Rede • ein leicht behinderter/leichtbehinderter Sportler • eine schwer kranke/schwerkranke Frau
Ist der erste Bestandteil jedoch gesteigert oder erweitert, wird getrennt geschrieben.	• eine schwerer verständliche Rede • ein eher leicht behinderter Sportler
Verbindungen der Partikel *nicht* mit einem Adjektiv können getrennt oder zusammengeschrieben werden.	• eine nicht öffentliche/nichtöffentliche Sitzung
Weitere Regeln zur Getrennt- und Zusammenschreibung	
Verbindungen mit dem Bestandteil *irgend-* werden in der Regel zusammengeschrieben.	• irgendjemand, irgendeiner, irgendetwas, irgendwo, irgendwann ... *aber* irgend so einer, irgend so etwas
Mehrteilige Adverbien werden zusammengeschrieben, wenn die Wortart, die Wortform oder die Bedeutung der einzelnen Bestandteile nicht mehr deutlich erkennbar ist.	• bergab, kopfüber, infolgedessen, umständehalber, diesmal, keinmal, allerorten, seitwärts, bisweilen, probeweise, jederzeit, zurzeit, nichtsdestoweniger

In einigen Fällen ist es freigestellt, adverbial gebrauchte Verbindungen getrennt oder zusammenzuschreiben.	• außerstande sein/außer Stande sein, infrage stellen/in Frage stellen, zugrunde gehen/zu Grunde gehen, zuhause bleiben/zu Hause bleiben, zuleide tun/zu Leide tun, zumute sein/zu Mute sein, zurande kommen/zu Rande kommen, zuschulden kommen lassen/ zu Schulden kommen lassen
Ist die Wortart, Wortform oder die Bedeutung der Bestandteile solcher adverbial gebrauchten Ausdrücke deutlich erkennbar, wird getrennt geschrieben.	• zu Ende gehen, zu Fuß kommen, zu Hilfe kommen, zu Wasser und zu Lande, zu Schaden kommen
Mehrteilige Präpositionen werden zusammengeschrieben, wenn die einzelnen Bestandteile ihre eigene Bedeutung verloren haben.	• inmitten von, infolge von, anhand der, anstatt des ...
In einigen Fällen ist die Schreibweise mehrteiliger präpositionaler Ausdrücke freigestellt.	• anstelle/an Stelle, aufgrund/auf Grund, aufseiten/auf Seiten, mithilfe/ mit Hilfe; vonseiten/von Seiten, zugunsten/zu Gunsten, zulasten/zu Lasten, zuungunsten/zu Ungunsten
Verbindungen der Partikeln *so, zu, wie* mit unbestimmten Zahlwörtern oder Adjektiven werden getrennt geschrieben.	• **so viele** Bonbons, **so weit** kommen, **zu viele** Spieler, **wie viel** Arbeit, **wie viele** Schülerinnen, **zu weit** gehen
Konjunktionen mit der Partikel *so* werden zusammengeschrieben. Sie leiten einen Nebensatz/Gliedsatz ein; das finite Verb steht am Ende.	• **Soweit** ich weiß, treffen wir uns um 14.00 Uhr. • Ich komme, **sobald** es geht. • Ruf an, **sooft** du kannst.
Verbindungen mit den Partikeln *gar* und *überhaupt* werden getrennt geschrieben.	• gar nicht, gar nichts, gar kein, gar sehr, gar wohl • überhaupt nicht

R 09 Worttrennung am Zeilenende

Grundregel: Wörter werden nach den Silben getrennt, die sich bei langsamem Sprechen ergeben. Ein einfacher Vokal wird nicht abgetrennt.	• Leh-rer-zim-mer, Bil-dungs-po-li-tik, un-ter-su-chen, Fei-er-abend, Oberstufe

Steht in einfachen (nicht zusammengesetzten) deutschen Wörtern zwischen zwei Vokalen ein Konsonant, wird dieser bei der Trennung mit in die folgende Zeile genommen.	• Zu-**f**all, rei-**ß**en, ru-**f**en, Kin-**d**er
Stehen mehrere Konsonanten zwischen zwei Vokalen, wird der letzte mit in die neue Zeile genommen.	• Kas-**s**e, ras-**t**en, knusp-**r**ig, imp-**f**en, Städ-**t**er
Buchstabenverbindungen, die für einen Konsonanten stehen, werden nicht getrennt. Dazu gehören: *ck, ch, sch, ph, rh* und *th*.	• Zu-**ck**er, ba-**ck**en, Goe-**th**e, Wä-**sch**e
In Fremdwörtern können Verbindungen aus einem Konsonanten + l, n oder r getrennt werden oder zusammen mit auf die neue Zeile genommen werden (vgl. die zweite Regel oder die Grundregel).	• Mag-net/Ma-gnet Pub-li-kum/Pu-bli-kum Dip-lom/Di-plom Sak-ra-ment/Sa-kra-ment
Zusammengesetzte Wörter und Wörter mit einer Vorsilbe (Präfix) trennt man zwischen den einzelnen Bestandteilen/Wortbausteinen. Das gilt auch für Fremdwörter und Eigennamen.	• Kon-trast, Ver-knüp-fung, Pro-gramm
Wenn ein Wort nicht mehr als Zusammensetzung erkannt oder empfunden wird, kann es nach Sprechsilben oder nach Wortbausteinen getrennt werden. Das gilt auch für einige häufig verwendete Fremdwörter.	• hi-nauf/hin-auf • ei-nan-der/ein-an-der • in-te-res-sant/in-ter-es-sant • Pub-li-kum/Pu-bli-kum • Ma-gnet/Mag-net

Zeichensetzung im Überblick

Im Folgenden werden wichtige Regeln zur Zeichensetzung aufgeführt und mit Beispielen erläutert. Auch diese Darstellung ist nicht auf Vollständigkeit angelegt. Ausgewählt wurden Regeln, die im alltäglichen Schreibgebrauch eine besondere Rolle spielen und Probleme bereiten können.

Z 01 Satzschlusszeichen

Der Punkt	
Am Ende eines Aussagesatzes steht ein Punkt. Der Aussagesatz kann aus einem einfachen Hauptsatz oder einem Satzgefüge (Hauptsatz und Nebensatz/ Gliedsatz) bestehen.	• Maike springt über den Gartenzaun. • Lukas ruft seinen Freund an, weil er mit ihm spielen möchte.
Am Ende eines Aufforderungs- oder Wunschsatzes kann an Stelle des Ausrufezeichens ein Punkt stehen, wenn die Sätze ohne Nachdruck gesprochen oder geschrieben werden.	• Packen Sie mir das Geschenk bitte ein. • Unterstreiche im Text alle Adjektive.
Das Ausrufezeichen	
Das Ausrufezeichen steht nach Wörtern oder Sätzen, die mit besonderem Nachdruck gesprochen oder geschrieben werden. Sie können zum Beispiel einen Befehl, eine Aufforderung, einen Wunsch oder einen Ausruf der Freude, des Erstaunens oder des Bedauerns beinhalten.	• Gib mir sofort den Schlüssel zurück! • Beeil dich, der Bus kommt in zwei Minuten! • Betreten verboten! • Welch ein Glück! • Ach!
Das Ausrufezeichen kann nach einer Anrede im Brief stehen. Immer häufiger wird hier jedoch ein Komma gesetzt.	• Sehr geehrter Herr Schmidt! Vielen Dank für Ihr Angebot. • Sehr geehrter Herr Schmidt, vielen Dank für Ihr Angebot.

Das Fragezeichen	
Das Fragezeichen steht nach Fragesätzen und allein stehenden Fragewörtern.	• Hast du mir das Buch mitgebracht? • Wer ist Mitglied in einem Verein? • Wer oder was? Wann? Wo?
Kein Fragezeichen steht nach Sätzen, die wie ein Fragesatz gebaut sind, jedoch eine eindeutige Aufforderung beinhalten. Hier wird nach der Sprechabsicht ein Ausrufezeichen gesetzt.	• Was hast du wieder angestellt! • Geht ihr bitte sofort nach Hause!

Z 02 Komma

Das Komma in Aufzählungen	
Das Komma steht zwischen den Gliedern einer Aufzählung, wenn sie nicht durch nebenordnende Konjunktionen wie *und* oder *oder* verbunden sind. Die Aufzählung kann aus einzelnen Wörtern, Wortgruppen oder ganzen Sätzen bestehen.	
A Einzelwörter, die eine Aufzählung bilden:	• Ich mag Erbsen, Möhren, Blumenkohl und Spinat besonders gern.
B Wortgruppen, die eine Aufzählung bilden:	• Im Urlaub werde ich Ski fahren, Bücher lesen, viele Briefe schreiben und nicht an die Arbeit denken.
C Sätze, die eine Aufzählung bilden:	• Anna fährt Fahrrad, Tom liegt in der Sonne, Justus bläst die Luftmatratze auf und Irene mäht den Rasen. • Pack deine Schultasche, vergiss dein Butterbrot nicht, hol dein Sportzeug und lauf dann zur Bushaltestelle! • Ich mag dich, weil du immer so viel lachst, weil du mir bei den Aufgaben hilfst und weil du mir dein Handy geliehen hast.
Das Komma vor entgegensetzenden Konjunktionen	
Das Komma steht vor entgegensetzenden Konjunktionen wie *aber, doch, jedoch, sondern.*	• Ich komme, aber nicht sofort. • Sie liest nicht nur gern, sondern schreibt auch selbst Texte.

Das Komma in Satzgefügen	
Das Komma steht zwischen Hauptsatz und Nebensatz/Gliedsatz.	• Wir gingen ins Haus, als das Unwetter begann. • Weil ich mir ein Buch kaufen möchte, fahre ich in die Stadt. • Das Buch, das ich mir gerade gekauft habe, ist sehr spannend.
Das Komma steht zwischen Nebensätzen/Gliedsätzen, die voneinander abhängen.	• Obwohl der Computer, den ich mir gekauft habe, sehr preiswert war, ist er sehr leistungsstark.
Vor *als* und *wie* steht nur dann ein Komma, wenn ein vollständiger Nebensatz/Gliedsatz folgt.	• Er war schneller fertig, als ich es erwartet hatte. • Er war schneller als ich.
Das Komma bei Infinitivgruppen	
Unter einer Infinitivgruppe versteht man ein Verb im Infinitiv (Grundform) mit der Partikel *zu*, zu dem weitere Wörter hinzukommen. Infinitivgruppen müssen in vielen Fällen durch Komma vom übrigen Satz abgetrennt werden. Die Infinitivgruppe kann am Ende des Gesamtsatzes stehen oder darin eingefügt sein. In diesem Fall steht ein Komma davor und dahinter.	• Lea hat die Absicht, Jonas in den Ferien in Berlin **zu besuchen**. • Mit der Möglichkeit, so früh **anzukommen**, hatte ich auf keinen Fall gerechnet.
Eine Infinitivgruppe muss durch Komma abgetrennt werden, wenn im übergeordneten Satz ein Nomen/Substantiv darauf hinweist.	• Du solltest die **Chance** nutzen, eine Klasse **zu überspringen**.
Eine Infinitivgruppe muss ebenfalls durch Komma abgetrennt werden, wenn ein Wort wie *daran, darauf, dazu, es* ... im übergeordneten Satz darauf hinweist.	• Maja denkt nicht **daran**, sich bei ihrem Freund **zu entschuldigen**.
Wird die Infinitivgruppe durch *um, ohne, statt, anstatt, außer, als* eingeleitet, muss sie ebenfalls durch Komma abgetrennt werden.	• Lukas besucht Rosalie, **um** mit ihr **zu lernen**. • Für mich gibt es nichts Schöneres, **als zu faulenzen**. • Er lief, **ohne** auf den Verkehr **zu achten**, auf die Straße.
In den anderen Fällen bleibt es der Schreiberin oder dem Schreiber überlassen, die Infinitivgruppe durch Komma abzutrennen oder nicht.	• Wir planen(,) in den Ferien an die Nordsee **zu fahren**.

Das Komma bei Einschüben und nachgestellten Erläuterungen	
Einschübe oder nachgestellte Erläuterungen werden durch Kommas vom übrigen Satz abgetrennt, weil sie deutlich den Lesefluss unterbrechen.	• Johann Wolfgang von Goethe, der bekannteste deutsche Dichter, wurde 1749 in Frankfurt am Main geboren. • Ich betreibe viele Sportarten, zum Beispiel Hockey. • Ich habe keinen Führerschein, leider!
Das Komma bei Anreden und Ausrufen	
Das Komma trennt Anreden und Ausrufe vom übrigen Satz ab.	• Marie, hast du deine Hausaufgaben schon gemacht? • Ach, das habe ich nicht gewusst! • Du siehst schlecht aus, oh weh!
Hier kann ein Komma stehen:	
bei kurzen, formelhaften Nebensätzen/Gliedsätzen	• Ich werde(,) wie gesagt(,) nicht kommen. • Falls nötig(,) mache ich das. • Sofern gewünscht(,) schicken wir Ihnen das Paket gerne zu.
zur Vermeidung von Missverständnissen	• Sie fotografierte ihren Hund(,) und ihr Kind saß auf der Schaukel. • Er schaute aus dem Fenster(,) und aus dem Abteil nebenan drang lautes Lachen.
bei vollständigen Hauptsätzen, die durch nebenordnende Konjunktionen (und, oder, weder-noch, entweder-oder, bzw. ...) miteinander verbunden sind, um die Gliederung des Gesamtsatzes zu verdeutlichen.	• Ich kann die Entscheidung weder nachvollziehen(,) noch will ich mich weiter mit dem Thema auseinandersetzen. • Wir sehen uns bestimmt wieder(,) und dann holen wir alles nach, was wir versäumt haben. • Entweder du entscheidest dich jetzt sofort(,) oder das Angebot verfällt.

Z 03 Semikolon

Das Semikolon trennt Sätze oder Wortgruppen voneinander, wenn ein Komma vom Schreiber als zu schwach oder ein Punkt als zu stark empfunden wird.	• Er fuhr vorsichtig; denn es schien glatt zu sein. • An dieser Tankstelle werden verkauft: Benzin und Autoöl; Süßigkeiten und Getränke; Brötchen und Kuchen.

Z 04 Doppelpunkt

Der Doppelpunkt zeigt an, dass etwas Weiterführendes folgt. Das können Aufzählungen, besondere Angaben oder weitergehende Erklärungen sein.	• Dies musste er besorgen: zwei Fahrradschläuche, Glühbirnen, eine Klingel, eine Satteltasche.
Folgt ein vollständiger Satz, wird groß begonnen. Ansonsten erfolgt die Schreibweise entsprechend der Wortart, mit der die Weiterführung beginnt.	• Ein französisches Sprichwort sagt: Irgendwann kommt der Wolf aus dem Wald. • Die frische Luft, das Meer, die Ruhe: Alles genoss sie.
Der Doppelpunkt steht vor der wörtlichen Rede, wenn diese durch einen Redebegleitsatz angekündigt wird.	• Er sagte: „Ich komme heute nicht." • Sie fragte: „Wann kommst du?" • Ich rief: „Komm doch endlich!"

Z 05 Zeichensetzung in der wörtlichen Rede

Je nach Satzart in der wörtlichen Rede und der Stellung des Redebegleitsatzes werden die Zeichen folgendermaßen gesetzt:

Der Redebegleitsatz steht vor der wörtlichen Rede	
Redebegleitsatz: „Aussagesatz."	*Er sagte: „Wir kommen."*
Redebegleitsatz: „Fragesatz?"	*Sie fragte: „Wann kommt ihr?"*
Redebegleitsatz: „Aufforderungsatz!"	*Er rief: „Kommt sofort her!"*
Der Redebegleitsatz steht hinter der wörtlichen Rede	
„Aussagesatz", Redebegleitsatz.	*„Wir kommen", sagte er.*
„Fragesatz?", Redebegleitsatz.	*„Wann kommt ihr?", fragte sie.*
„Aufforderungssatz!", Redebegleitsatz.	*„Kommt sofort her!", rief er.*
Der Redebegleitsatz unterbricht die wörtliche Rede	
„Aussagesatz", Redebegleitsatz, „Aussagesatz." *„Ich werde sofort kommen", erwiderte sie, „und die Unterlagen mitbringen."*	
„Fragesatz", Redebegleitsatz, „Fragesatz?" *„Hast du wirklich", fragte sie, „alle Unterlagen vergessen?"*	
„Aufforderungssatz", Redebegleitsatz, „Aufforderungssatz!" *„Geht sofort zurück", befahl er, „und lasst die Rucksäcke liegen!"*	

Z 06 Gedankenstrich

Der Gedankenstrich steht vor und nach eingeschobenen Wörten, Wortgruppen oder Sätzen. Einschübe dieser Art (s. Z 02) können auch durch Kommas oder Klammern (s. Z 07) abgetrennt werden.	• Es war – und das möchte ich noch einmal betonen – der schönste Augenblick in meinem Leben. • Ich traf gestern – welch ein Zufall! – meinen ehemaligen Trainer.
Der Gedankenstrich kann innerhalb eines Satzes oder Textes eine längere Pause oder einen plötzlichen Stopp in der Darstellung bezeichnen.	• Wo hatte er das prächtige Bild schon einmal gesehen? – Lange musste er nachdenken. • Plötzlich – ein lauter Schrei!

Z 07 Klammern

Mit Klammern können innerhalb eines Satzes erklärende Zusätze eingeschlossen werden. Anstelle der Klammern können häufig auch Kommas (s. Z 02) oder Gedankenstriche (s. Z 06) gesetzt werden.	• Bertolt Brecht (geb. 1898 in Augsburg) entwickelte eine völlig neue Theaterkonzeption.

Z 08 Apostroph/Auslassungszeichen

Ein Apostroph zeigt an, dass in einem Wort ein oder mehrere Laute ausgelassen werden, die gewöhnlich gesprochen oder geschrieben werden. Eigennamen erhalten im Genitiv einen Apostroph, wenn sie im Nominativ mit einem s-Laut enden.	• Borussia M'gladbach = Borussia Mönchengladbach • Kö'allee = Königsallee • Lukas' Geburtstag haben wir ausgiebig gefeiert.

Z 09 Auslassungspunkte

Mit drei Punkten wird verdeutlicht, dass in einem Text Sätze, Wörter oder Buchstaben ausgelassen worden sind.	• Mit dem bekannten Satz „Es war einmal …" beginnen viele Märchen.

Z 10 Schrägstrich

Mit dem Schrägstrich wird verdeutlicht, dass Wörter, Zahlen oder Ähnliches eng zusammengehören.	• Frag deine Mitschülerinnen/Mitschüler nach ihrer Meinung! • 05246/999999

Z 11 Ergänzungsstrich

Ein Ergänzungsstrich wird gesetzt, wenn mehrere Wörter den gleichen Bestandteil haben, dieser Bestandteil aber nur einmal genannt wird.	• Das Ein- und Aus**laden** ist erlaubt. • Wir führen **Wander**schuhe, -jacken und -rucksäcke.

Grammatische Begriffe im Vergleich

Deutsche Grammatik	Deutsche Übersetzung	Latein
Wortarten – flektierbar		
Verb	Zeitwort, Tätigkeitswort	Verb
Nomen/Substantiv	Namenwort, Hauptwort	Substantiv
bestimmter Artikel	bestimmter Begleiter	–
unbestimmter Artikel	unbestimmter Begleiter	–
Adjektiv	Eigenschaftswort	Adjektiv
Pronomen	Fürwort	Pronomen
Personalpronomen	persönliches Fürwort	Personalpronomen
Possessivpronomen	besitzanzeigendes Fürwort	Possessivpronomen
Demonstrativpronomen	hinweisendes Fürwort	Demonstrativpronomen
Relativpronomen	bezügliches Fürwort	Relativpronomen
Reflexivpronomen	rückbezügliches Fürwort	Reflexivpronomen
Interrogativpronomen	fragendes Fürwort	Interrogativpronomen
Indefinitpronomen	unbestimmtes Fürwort	Indefinitpronomen
Numerale	Zahlwort	Numerale
Wortarten – nicht flektierbar		
Adverb	Umstandswort	Adverb
Präposition	Verhältniswort	Präposition
Konjunktion	Bindewort	Konjunktion
nebenordnende Konj.	–	koordinierende Konjunkt.
unterordnende Konj.	–	subordinierende Konjunkt.
Interjektion	Ausrufewort	
Tempusformen		
Präsens	Gegenwart	Präsens
Präteritum	Vergangenheit	Imperfekt
Perfekt	vollendete Gegenwart	Perfekt
Plusquamperfekt	vollendete Vergangenheit	Plusquamperfekt
Futur I	Zukunft	Futurum I
Futur II	vollendete Zukunft	Futurum II
Satzglieder		
Subjekt	Satzgegenstand	Subjekt
Prädikat	Satzaussage	Prädikat
Prädikativ	Artergänzung	Prädikatsnomen
Objekt	Satzergänzung	Objekt
Genitivobjekt	Satzergänzung im 2. Fall	Genitivobjekt
Dativobjekt	Satzergänzung im 3. Fall	Dativobjekt
Akkusativobjekt	Satzergänzung im 4. Fall	Akkusativobjekt
präpositionales Objekt	Satzergänzung im 3. oder 4. Fall mit Präposition	–
Adverbiale	Umstandsbestimmung	adverbiale Bestimmung
Attribut	Beifügung	Attribut

Englisch	Französisch	Spanisch
verb	le verbe	el verbo
noun	le nom	el sustantivo
definite article	l'article défini	el artículo determinado
indefinite article	l'article indéfini	el artículo indeterminado
adjective	l'adjectif	el adjetivo
pronoun	le pronom	el pronombre
personal pronoun	le pronom personnel	el pronombre personal
possessive pronoun	le pronom possessif	el pronombre posesivo
	l'adjectif possessif	
demonstrative pronoun	le déterminant démonstratif	el pronombre demostrativo
relative pronoun	le pronom relatif	el pronombre relativo
reflexive pronoun	le pronom réfléchi	el pronombre reflexivo
interrogative pronoun	le pronom interrogatif	el pronombre interrogativo
–	le pronom indéfini	el pronombre indefinido
numeral	l'adjectif numéral	el numeral
adverb	l'adverbe	el adverbio
preposition	la préposition	la preposición
conjunction	la conjonction	la conjunción
coordinating conj.	la c. de coordination	la conjunción de coordinación
subordinating conj.	la c. de subordination	la conjunción de subordinación
		la interjección
present, present tense	le présent	el presente
past, past tense	l'imparfait/le passé simple	el pretérito imperfecto/ el pretérito indefinido
present perfect	le passé composé	el pretérito perfecto
past perfect	le plus-que-parfait	el pretérito pluscuamperfecto
future	le futur simple/composé	el futuro
future perfect	le futur antérieur	el futuro perfecto
subject	le sujet	el sujeto
predicate, verb link	le verbe	el predicado
–	le complément du sujet	el predicativo
object	l'objet	el objeto/el complemento
–	–	–
indirect object	le complément indirect	el complemento dativo/ indirecto
direct object	le complément direct	el complemento directo
–	–	–
adverbial	le complément circonstantiel/ prépositionnel	el complemento adverbial
attributive	l'épithète, le complément du nom	el atributo

Register